表達力決定你是誰

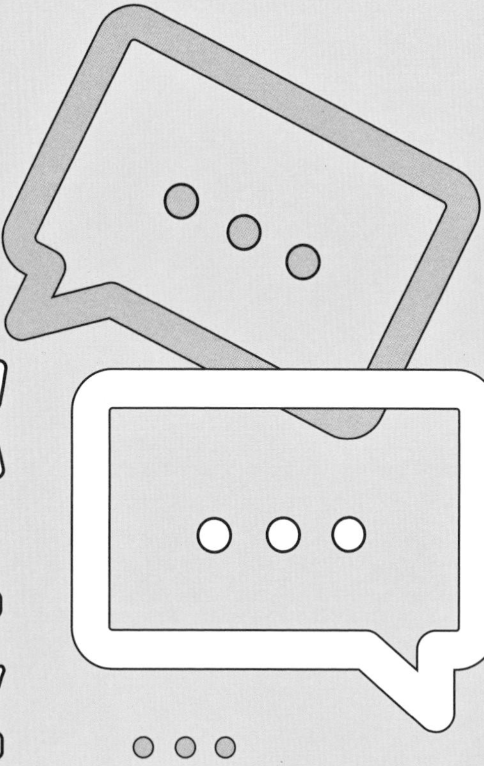

提升表達力，
成為自己期待的樣子

林依柔 著

目錄

1 你，決定了自己的樣子

2 提升表達力，從自我檢視開始

3 六種毀滅溝通好感度的說話習慣

4

提升好人緣的七大溝通技巧

推薦序 透過認識自己，強化表達氣場

劉軒／作家、講師、Podcast 主持人

會認識林依柔，是因為我加入了領袖 100 的導師計畫，她是我的第一位導生。第一次約在我的辦公室見面，對依柔的第一印象就是「她很懂得如何控制自己的氣場」。

怎麼說呢？對於初次見面又即將展開一整年的導師生關係，想必任何年輕人都會有點緊張。我有輩分、年齡和主場的優勢，當然可以相對自在，不過我能立刻感受到，依柔不但能拿捏自信和謙虛的平衡，而且很知道如何介紹自己、自我破冰，甚至主動提出了我們的會面流程，令我印象深刻。

按照領袖 100 的導師生規定，我們要先擬定一個合作計畫，包括一年後希望

導師可以協助導生達成的目標，當時依柔就提出「完成她的第一本書」。當時她只有一個想法而已，出版社都不認識。

而一年後，我以一個很驕傲的導師身分，向各位推薦依柔的成果。她說到，也做到了！

對於這本書，我除了在大綱和規劃上給了一些意見、幫她看看合約、給予一些經驗指導外，所有的一切都是依柔親自爭取並完成的，可見她的積極度和執行力。對於內容，我更是給很高的肯定，因為這都是從依柔多年來舉辦數百場工作坊的經驗所累積的知識，不但接地氣、實用也容易吸收，可以說是她的教學精華，相當精彩。

特別喜歡依柔書中的這句話：「自信，是透過自己對自己的了解，相信且熱愛自己，才能夠發自內心地展現出自信的光芒。」確實如此！我們必須了解自己、接納自己，才能真實不做作地表達自己。當然有很多技巧教我們如何自我包裝，包括社交禮儀等，但這本書提供的是一個從內向外的轉變方法，這個與正向心理學相當契合，包括書中開啟感官的三種練習，也符合正念的技巧，可以說依柔在發展她的教學理念時，也將心理學與聲學和表達方法融會貫通，讀者不但能透過這本書讓自己更會表達、應對、溝通，甚至從基礎層面改善內在心態，這是此書的許多亮點和功效之一。

有關「開啟感官」，我察覺到台灣有許多人有「高敏感人」（highly sensitive person）的特質，也就是說對他人的表情、反應和社交氛圍會特別敏感。可惜的是，許多朋友因為敏感而畏縮，往往還沒開始社交就已退場，因此而失去了許多寶貴的機會。我覺得這本書所提供的方法可以幫助你強化自己的內心，接受自己的敏感特質，且將它轉為一種助力。

很期待這本書幫助到社會各處的朋友，也推薦大家參加依柔和她團隊的工作坊，進行更深入自我進修。

推薦序

說吧！因為你不是被埋沒的料！

歐陽立中／暢銷作家、爆文教練

幾年前，學校要辦一場表達力的大型講座。他們知道我認識很多厲害高手，於是請我幫忙邀請講師。那時我腦海中浮現不少名單，有的辯才無礙、有的口沫橫飛、有的自信從容。最後，我邀請了這本書的作者：林依柔老師。結果，那場講座，創下有史以來滿意度最高的紀錄！

現在回想起來，覺得很有意思，為何明明有這麼多厲害講者，直覺卻告訴我邀請依柔老師呢？事實證明，依柔演講不僅有料，還收服全場聽眾的心。這股直覺我說不上來，直到讀了依柔的新書《表達力決定你是誰》，我才明白她是如何運用表達力，在你我心中留下了深刻的記憶。

《表達力決定你是誰》這本書，有三個關鍵字：「表達、溝通、人緣」。要知道，台上能言善道的人，台下可能一開口就得罪人；台下頭頭是道的人，台上可能呆若木雞。但依柔的表達之道，是讓你「台上從容表達，台下聰明溝通，建立好人緣」。你準備好打破過去對表達力的迷思了嗎？

首先，關於「表達」，不是先想要說什麼，而是你想呈現什麼？

依柔以當時尼克森和甘迺迪總統大選辯論會為例，尼克森有經驗和口才優勢，但甘迺迪憑著自信姿態、從容舉止，反而讓選民為之傾倒。最後在大選中勝出。回到我們生活來看，很多人忙著想要講什麼，卻忽略自己走路姿態、臉部表情、呼吸緩急。最後只是把話講完了，但結果也完了。

其次，關於「溝通」，不是先說你的看法，而是傾聽他的想法。

傳接球你有玩過吧！當你的球丟太快或太歪，對方接不住很正常；但當你就算丟出好球，對方沒準備接球也行不通。溝通也是這樣，你再會說，對方沒打算聽都是徒勞無功。關鍵在於，先讓對方感受到被尊重和理解。依柔傳授的「超暖心傾聽三部曲」：想聽、聽完、聽懂。讓你用傾聽，勝過千言萬語。

最後，關於「人緣」，不是覺得別人必須如何，而是理解沒人有義務如何。

我非常喜歡依柔在書裡分享的小遊戲：「如果你想採訪某個人，傳訊息給他，結果人家已讀不回，你會覺得如何？」多數人的直覺反應是對方耍大牌，但有沒有可能是因為對方還在忙？或是他在思考怎麼回覆你？或者你可以再問他一次呢？依柔點出好人緣的關鍵，就是先理解「沒有人有義務對我們如何！」當你有這樣的心態，才能讓自己更自在。那麼書裡接下來教你的「三大聊天技巧」、「表達想法的漢堡架構」、「自我介紹」，你才能盡興發揮！

你花了大半輩子時間，建立自己的專業和價值，希望別人主動找上門，卻發現門可羅雀。其實，不是因為你不夠好，而是別人不知道你有多好。是時候站上台勇敢表達，走下台聰明溝通了。說真的，你不是被埋沒的料。所以，準備好用表達力，告訴我們，你是誰了嗎？

推薦序　每一個人都應該重視自己的表達能力

陳欽章醫師／台灣牙e通創辦人暨執行長

世界上最難的兩件事情是什麼？第一件事是「把別人口袋裡的錢放進自己口袋」，而第二件事就是「把自己腦袋裡的想法放進別人腦袋」。創業，剛好就是要挑戰這兩件事情：如何滿足市場需求、讓客戶願意掏錢？如何感召創業夥伴？如何讓投資人相信創辦人的願景？創業，就是一個不斷溝通的歷程，而溝通，重點不是你說了什麼，而是對方接收到什麼！如何能夠精準表達我們的想法，就成了溝通最重要的第一件事。

可惜的是，我們從小到大所接受的教育，缺少了教導我們表達的課程。大約六年多前認識依柔老師，當時聽說她創辦了「小大人表達學院」，就覺得這真是太重要、太有使命的一項創業，幾年下來看著她幫助這麼多的孩子，甚至在職場上的成人也獲得許多幫助，真心佩服。

依柔老師負責我們台灣牙e通舉辦給牙醫師和牙科助理人員的表達課程，深獲好評。她在課程中系統性拆解「表達」，從臉部表情、語調、姿態、手勢，甚至是你想要傳達的資訊該如何去分段鋪陳，都在在影響了最後呈現的範疇。短短半天的課程，實在讓人拍案叫絕、意猶未盡。所幸依柔老師願意將更完整的表達學問，歸納成冊，讓更多人可以透過閱讀來學習表達，此舉真的又再次擴大了她的影響力，甚感佩服。

有幸能在此書上市前搶先拜讀，真的驚喜連連。書中從自我檢視開始，彷彿是初診檢查，先了解自己平常的表達習慣，可能哪邊做得好？哪邊有優化的空間？接著給予了許多練習的工具，讓讀者可以跟著指引來執行，輕鬆練習表達。而除了表達技巧之外，甚至還有許多現代人特別該留意的，包括在即時通訊程式傳送訊息的溝通禮儀，實在很適合作為社會新鮮人的新手村教材呢！

書中一段擲地有聲的標題「你的每個狀態，都在告訴別人你是誰」，真的讓人特別有共鳴。是啊！身為公司的創辦人，如何表達，也就直接形塑了品牌所要傳達的精神。而不論你是不是表演工作者、講師、老闆，生活在這個資訊爆炸、雜訊過多的世代，每一個人都應該重視自己的表達能力。相信各位都能在此書找到方向和答案。

前言

透過表達力，成為自己期待的樣子

說話不是一種藝術，而是可以學習的技術

一直以來，我們都以「聽話」的方式被教育，卻又以「說話」的方式被考核，大家是否心有戚戚焉？

很多人都會覺得一個人很會說話，一定是他天生就會說話，但在我的觀點，一個「會說話」的人，他一定是懂得察言觀色、懂得他人的需求、懂得換位思考，更重要的是，他是願意和他人連結、勇於溝通表達的人。

拿我自己來舉例，我雖然天生很愛說話、講話也很大聲，但這不代表「愛說話」

等於「會說話」；「講話大聲」也不等於「會控制音量」。實際上，我們現在的說話方式，都是長期以來的習慣養成，並不是說改變就能改變。從小到大，我們的原生家庭、學校環境、家人與朋友的說話方式與慣性，都無意識地影響了自己。

在這邊可以先來做一個簡單的觀察：

- 你覺得自己的爸爸媽媽、兄弟姊妹的說話方式如何？
- 內容上是偏正面的稱讚型？還是負面的斥責型？
- 聲音表情上是會讓你聽起來很舒服？還是感到很有壓力？
- 他們的咬字發音是清晰的？還是含糊不清的？
- 又或者是……你根本就沒有感覺、沒想過這些問題呢？

想了解自己的說話特質，就一定要找出影響自己說話方式的源頭和原因。當然，你在觀察自己的家人之後，也要回頭問問自己，你覺得自己的說話方式如何？別人有沒有給過你說話方式的反饋呢？

很多學生思考完後，都會跟我說「我終於知道為什麼我會這樣說話了！」一個人的說話聲音，會傳遞給聽者兩個訊息，一個是「說話的內容」，一個是「聲音情緒」。同樣一句話，不同的聲音來配音詮釋，就會有不一樣的聽者感受。不過大多數的人，對於說話的「聲音情緒」比較沒有敏銳度，更精準地說，一般人是可以聽得出來「好像哪裡怪怪的」，卻說不出「到底哪裡怪」，也因為如此，我們就容易放棄想改變的動力。

我們都能掌握自己的說話人生

溝通對話的結局，是可以靠自己掌握的，但很多人在說話前都不會去思考「我想要創造什麼樣的溝通結果」。更具體來說，這個「結果」還要包含使用什麼樣的說話技巧、聲音語調來呈現，以及在溝通的過程，對方可能會有什麼樣的反應。

可惜的是，大部分的人皆選擇「見招拆招」的說話方式，容易被對方的情緒所影響、因溝通的內容而亂了自己的思緒；為了逞一時之快、為了爭一口氣，在溝通對話時，不願意把對方的話聽完就直接回嘴辯駁；在回答問題時，直接不假以修飾地表達，這樣的無限循環，直到自己碰壁或看不下去時，才會想尋求方法提升改變。

我們的說話方式，都代表著我們的思想、深層的潛意識感受與價值觀，若能有意識地鍛鍊、時時刻刻地刻意練習，就不會活在懊悔與早知道當中，便能更自在地於每一場溝通對話中，掌握自己想要的人生。

說話不是一種無法學習的技術，更不是外向活潑的人才有辦法能言善道、侃侃而談，其實我們只要將「說話內容、聲音情緒、肢體展現」三大方向，也就是「所想、所說、所做」分別拆解來練習，並循序漸進地有意識鍛鍊，就能讓原本隨興表達的自己掌握溝通的技巧，在每一次的說話曝光、人際溝通上，都有更佳的表現。

不過這三大方向，肯定不是你把此書全部看完就能領悟或做到的。建議你，不要一次看完全部，而是有計畫性地閱讀，並跟著書中所分享的技巧來實踐看看，同時鍛鍊自己的「有意識感受」，把每次的練習都寫下來、錄音錄影做客觀檢視，如此一來，一定能明顯蛻變，即使還是有覺得不夠好的地方，只要提升了自己的「有意識觀察力」，便能讓下一次的展現推進到更好的狀態，我們一起加油！

你，決定了
自己的樣子

嗨！介紹一下你自己吧！

1你覺得自己最棒的三個優點和三個需要調整的地方是什麼呢？
2請你自我介紹一分鐘，分享你的興趣吧！
3如果用三個形容詞來形容自己的聲音，那會是什麼呢？為什麼？
4目前在溝通表達中你最想提升的是哪個部分？為什麼？
5你覺得自己是一位有獨立思想的人，還是容易被別人影響的人呢？為什麼？

上述幾個問題，都是我在教學時會請學員先想過的題目。大部分的學員，光是在第一個問題就會卡關許久，一問之下，才知道原來他們對自己不是很熟悉，甚至，就連一分鐘的自我介紹時間，都覺得非常久。不知道對你來說，也是如此嗎？

大學畢業後，我為了要拓展自己的工作業務，加入了一個國際性的商務組織，他們有一個非常經典的開會環節，就是和大家「一分鐘自我介紹」。我加入這個社團前前後後有長達六年之久，台灣三大城市的分會都有去參訪或培訓過，聽過上千位商務人士的自我介紹內容。每當聽完之後，我都會想「誰最令我印象深刻」、「誰的表達力最清晰」、「誰最讓我想要結束後就立刻去認識他」，可見第一印象非常重要，同時也讓我鞭策自己，一定不要輕忽這一分鐘的影響力。

無論是有目的性的參與社團活動，或是網路社群的交流，甚至逢年過節久久才見一次面的親朋好友聚會，其實，我們無時無刻都在自我介紹，都在和對方更新自己的近況，我們可以隨興應對，也可以用心設計自己的每一次發言。我們有權去選擇想呈現給他人什麼樣的感受，只可惜，大部分我所觀察到的狀況是，因為沒有留意這些細節，而產生了許多懊悔。如果你總是對每一次的發言與自我介紹感到苦惱，也不知道該如何讓自己變得更好，總是無頭緒地準備「說話」這件事情，我想，這本書將會帶給你一些收穫與方向，拆解成最小的技巧單位、切入不同的面向探討，幫你找到最適合自己的表達方式。

你的表達力，為你的個人品牌加分還是扣分？

記得小時候要畢業時，同學間都會發下友情紀念冊的個人小檔案紙，上面填寫著自己的個人資料和要送給此紀念冊主人的話。其中印象最深刻的一個題目，就是「請問我給你的第一印象是什麼」和「現在要畢業了，那後來的印象為何？」而這兩題，也是我每次收回小檔案紙，最期待看見的兩個答案，因為這也代表著我在學校這幾年來，所建立的「個人品牌形象」，而我大多數收到的答案，幾乎都是判若兩人。我的同學們常常形容我，看起來文靜有氣質，但實際上相處後覺得很搞笑。為了要保持我想營造給他人的美好形象——也就是看上去很有氣質、實際上也很有氣質的狀態，每當我升學或是換了一個新的環境，在所有人不認識我的情況下，我都會告訴自己「我一定要忍住，絕對不能再破功了！」不過，這當然只是想想而已，所謂「江山易改、本性難移」，每當我活潑外向、大嗓門的聲音被發現後，就覺得

「氣質」這件事情早已不再是同學之間對我的印象標籤了。

「個人品牌」可以說是我們給他人的「印象標籤」。我們會用印象標籤去和他人介紹身邊的朋友，也會用印象標籤來決定是否跟某個人深交。而這個印象標籤，常常也是他人賦予我們的「綽號」，有時並不是那麼討喜，有時覺得聽起來真是像極了自己。

然而，大家有留意過自己給他人什麼樣的印象標籤嗎？更具體來說，**你有去為自己的「印象標籤」做過什麼努力嗎？**

很多人都說，人跟人之間要相處過後才會熟悉，我們不能透過外表就去決定一個人的樣子；可是反過來說，你會去和看上去第一眼就讓你感到不舒服的人打招呼嗎？你會有耐心和一位聲音聽起來很刺耳或是很含糊的人好好溝通嗎？又或者是，想像你是一位企業的老闆，有許多人要來應徵你的公司，不過只有一個人有資格錄取，你會選擇外表看起來神采奕奕、有精神、談吐佳的人，還是衣衫不整、駝背又說話含糊不清的人，成為你團隊的一員呢？我想這答案應該是非常明顯，一定是看起來有自信且準備萬全的人，才會是那萬中選一。

當我在教面試技巧的課程時，我發現八〇%以上的學員，都只把準備的專注力放在「我到底要說些什麼、我要怎麼自我介紹」，而忽略了外在第一印象的影響力。表達力不僅是口語表達，一個人的整體表達力，從外在的非語言訊息就已經決定了對方是否會想要進一步跟你連結的關鍵。

外在的非語言訊息包含你的穿著打扮、走路的姿勢、坐下時的姿態、還沒有開口說話時的臉部表情，這些你不會去彩排演練的細節，其實會直接影響面試官願不願意好好專注聽你說話。

「你已經買好面試時要穿的衣服的，請舉手！」幾乎現場不到一半。

「那你有把面試的衣服穿著彩排超過三次的，請舉手！」幾乎沒人舉手。

那你怎麼能把握當天面試時的衣著能幫助你加分？另外，你都是怎麼選擇面試要穿的衣服呢？一定要穿西裝打領帶嗎？女生一定要穿高跟鞋嗎？那會不會大家到了現場都穿得很像？這樣在面試官心中不就沒有記憶點了嗎？

所以大家有沒有發現，光選擇「你要穿什麼衣服、要怎麼打扮自己」當作你的外在形象，就值得花時間研究一番。當然，我不是說一定要穿上很名貴的品牌，或要很花枝招展才是最好的。而是大部分的人，在準備面試或到一個新的領域要和他人交流時，比較不會去注意到「外在表達力」這件事情。有趣的是，一個團體中能夠讓我們在視覺上較有印象的，都是那些穿著乾淨整潔、看上去有特別用心打扮的人，也就是說，我們對自己的外在或許不會特別留意，但對他人的外在卻是很在意。

除了外在的穿著形象以外，更直覺的第一印象，就是我們的「姿態」。

- 你有留意過自己都是怎麼走路的嗎？
- 會習慣抬頭挺胸嗎？
- 走路時腳跟會拖在地板上嗎？
- 走路的速度是快還是慢呢？
- 坐著的時候會駝背嗎？
- 手會放在桌子上還是大腿上？
- 有留意過自己的呼吸嗎？
- 呼吸時是鼻吸鼻吐氣、鼻吸口吐氣、還是口吸口吐氣呢？

・習慣面帶微笑嗎？還是面無表情呢？

以上這些肢體動作，都會讓我們直接感受到一個人是緊張畏縮，抑或是自信大方，而這些肢體動作，也會直接影響到說話時的「聲音品質」。

帥氣自信的外在形象，贏得了史上第一次電視辯論會

一九六〇年九月二十六日，是美國總統大選候選人尼克森和甘迺迪的辯論會，這也是美國史上第一次透過電視的方式來進行轉播。在辯論前大家都認為，有著豐富政治經歷和擔任過八年副總統的尼克森，相較於小他四歲、又只擔任過參議員的甘迺迪，一定會贏得此次的總統大選。結果萬萬沒想到，這場電視辯論大大拉攏了中間選民的支持票，讓甘迺迪完美勝出尼克森。

後來大家在分析時也發現，雖然當時僅是黑白電視，但可以明顯看出甘迺迪對於此次的出場，有著萬全的準備，包含穿著一身較合身的深色西裝，走路及坐下時

的姿態，雙腳交疊、手臂自信打開，整體從容且自信的舉手投足，大大吸引了觀眾的眼光。

相反地，尼克森則是穿著較鬆垮的淺色老式西裝，在黑白電視的螢幕上，給人的感覺比較沒有層次，加上在辯論時的站或坐姿都比較沒那麼穩，不斷變換站立時的重心，更拒絕讓電視台幫他化妝，打上了燈光之後，螢幕上的尼克森臉泛油光的感覺，讓人覺得他在緊張冒汗，整體的氣勢和形象讓觀眾的感受有所落差。

因此，當時的辯論會，如果你是透過收音機來參與，可能會覺得是尼克森贏了辯論；但如果你是透過電視收看此次辯論，就會覺得是甘迺迪贏了此場辯論。也因為這場辯論會，大家對於「表達」有了新的認識。比起說話內容，想讓觀眾留下什麼樣的印象，是更為重要的。

我們無時無刻都在幫別人打分數，在這同時，我們自己也會被他人打分數。因此，**表達力不僅是「口語表達」，而是方方面面都在「表達」你這個人想傳達什麼樣的訊息給他人**。到底呈現後是為自己加分還是扣分呢？我想，這非常值得大家先花一點時間來為自己盤點一下。

別因為「要謙虛」，而忽略看見自己的美好

「謙虛是種美德」，我想大家從小應該都有被灌輸過這樣的信念。女生要端莊有氣質、男生要勇敢不能哭；失敗了要檢討、成功了不能驕傲自滿。以前的教育觀充斥著這些信念，總是會有大人對小朋友說這些做人應該要遵從的美德。

我小時候個性就很活潑，喜歡挑戰新鮮的事物，尤其沒人做過的事情我更喜歡嘗試。而這些特質也會由內而外顯現在我的行為模式上，例如我拍照喜歡擺搞怪的姿勢、遇到驚喜的事情就會拉高分貝大叫，結果就被爸爸罵了一頓。

「女生要站好！拍照不要亂動！」「那是什麼表情？正經一點！」

長大後，我翻閱了小時候的相簿，結果全都是一副正經八百的樣子，令人莞爾。

以前父母受到的教育因為比較壓抑，因此在教育我們的時候也是用他們被教育

過的方式來教育我們。而在眾多的「應該」信念之下，我最想先和大家聊聊的，就是「要謙虛一點」這句話。

- 做人要謙虛一點，不然會讓人覺得我們太自大！
- 做人要謙虛一點，不要一直說自己很厲害，這樣狂妄的態度會讓你太自滿！
- 做人要謙虛一點，不然別人會覺得你那麼厲害，那就都給你做，什麼事情都會麻煩你！
- 做人要謙虛一點，不然哪天你失敗了，別人會加倍嘲笑你！

「做人要謙虛一點……」諸如此類的照樣造句，充斥在我的教學反饋中，大部分的學員無論年紀，都是認同「做人要謙虛一點」。我完全能理解這句話的用心和用意，不過之所以把它提出來討論，就是因為看見了更多因為這句話而產生的潛藏心裡負作用。

在教學時我有一堂很經典的課程，叫做「肯定自己，讚美他人」。我們在學習和成長的過程中，太多時候是孤單的，需要獨自念書、複習功課、獨立作業等，在這過程中，一定會遇到很多無法迎刃而解的問題，如果又高要求地鞭策自己，而不是看見自己做得好的一面，就會在這過程中更加痛苦。

當我請學員寫下十句自己的優點來和大家分享時，大約七〇%的人只寫不到五句，二〇%的人能快要寫滿，而剩下的一〇%會完全愣住，甚至低聲嚷嚷著「我沒有優點，不知道要寫什麼」。

每當我去關心這一〇%的學員，問他們為什麼覺得自己沒有優點時，大多數得到的答案是：

「我不知道，就是沒有。」

「我媽媽說我很笨，什麼都做不好。」

「我爸爸說哥哥比較聰明，我的反應就是慢。」

「稱讚自己很奇怪耶！這樣會很自大！」

而這樣的回答，不僅是在國小生身上發生，也會在青少年和成年人的課程中出現。「稱讚自己、找到自己的優點」這件事情，在我的教學經驗中，通常隨著年紀越大，越寫不出來。

我常半開玩笑地問大家「是不是都跟自己不太熟啊？」下課和學員們聊天之後才知道，原來因為從小的家庭教育對我們的影響很深遠，覺得自己永遠不夠好，這樣的「不配得感」，不僅讓許多人看不見自己的美好特質，更會把許多事情視為「理所當然」，久而久之就缺少了觀察力和感受力，反映在說話中也會讓他人覺得有冷冰冰的疏離感。

做人要謙虛，我是認同的，畢竟沒有人喜歡聽到一個人不斷說自己很厲害，這樣高傲和炫耀的態度，會讓身邊的人感覺自己很沒價值；但太過謙虛，也會讓人感覺到很壓抑、很不真實。中庸之道，到底該如何拿捏？要怎麼在口語表達上讓人感到舒服呢？

你有沒有曾經被所謂的「應該」給束縛住了呢？請將這些令你不舒服的句子寫下來，並且告訴自己「這些都不是源自於我真正的信念，每個人都能活出自己喜歡的樣子！」

在我創辦的「小大人表達學院」中，已經教授超過上千位孩子，根據我們的教學統計，來參與表達力課程的學生，多具有極端的兩種特質——相當有自信又愛說話的孩子vs超級沒自信也不知道為什麼自己會出現在這裡的孩子。

而比較偏沒自信且內向的小孩，我們都會建議他先來做一次「表達力評估課」，這樣可以快速在一小時之內，概括評估出孩子的邏輯表達、聲音表情和肢體語言的表現狀況，並給予課程學習上的安排建議。

有一回，一位國小三年級的Emma來到了我們教室，她穿著一件漂亮的蓬蓬裙，不過站著時卻有點駝背，我可以感受出她目前的狀況有點不太自在、也不太敢正眼看我。

「哈囉Emma我是依柔老師，想邀請你跟我介紹一下你自己！」

等了許久，孩子卻遲遲不願開口，於是我就問了Emma：「你覺得你是一個什麼樣的人呢？」只見Emma吱吱嗚嗚，慢慢從嘴裡吐出一句話：「我不知道。」

為了讓孩子卸下心防願意與我交流，我就和她先閒聊了一番，後來發現原來Emma有在學畫畫，我就接著說：「那等等你在自我介紹時，和老師多分享一下你的畫作好嗎？」

Emma 馬上接著說：「不要。」

在慢慢地抽絲剝繭之後，才發現原來 Emma 覺得「比自己會畫畫的人」有很多，覺得自己畫的根本沒什麼，不值得和老師分享，所以即便喜歡畫畫、甚至也有代表學校去校外參加比賽，但總覺得人外有人、天外有天，漸漸地就不敢對別人說自己喜歡畫畫、自己會畫畫了。

小時候，長輩總是告誡我們做人要懂得「謙虛」，但同時被很多人忽略的是，在謙虛之餘，也別否定自己的好！如果總是「過分謙虛」，會讓自己本該有的自信就這樣消失了。

或許你心中想的是：

「不展露、不分享，我就不會跟別人不一樣。」

「沒比較沒傷害，我寧願當個平凡人，也不要太出頭。」

「出頭就會變成眾矢之的，所以我還是隱藏自己就好了。」

當這些想法在腦袋中萌生，自信的光芒也會被一層一層掩蓋起來，最後就只剩下這樣的想法：「我就是這樣啊，沒什麼特別的。」「這也還好吧，不值得一提呀！」「我沒什麼才華啦！真的超普通的。」

看到這裡，或許你會想，那我們應該怎麼做呢？

自信，不是比較出來的

自信，是透過自己對自己的了解，相信且熱愛自己，才能夠發自內心地展現出自信的光芒。試著發現自己還不錯的地方，例如外表、能力、技能、品味、氣質，以及說到某領域或議題時，會讓自己眼睛為之一亮的狀態，任何不錯的地方都可以。試著改變自己與自己的對話，勇敢地接受自己還不錯的地方吧！

看著鏡子中的自己，稱讚自己還不錯的地方

想找到自信的力量，最簡單的方式，就是站在全身鏡前面，露出燦爛的笑容對鏡中的自己說：「我覺得我——也還滿好的呢！」像是：

・我覺得我畫的畫也還滿好的呢！
・我覺得我的穿搭品味也還滿好的呢！
・我覺得我的搞笑特質能帶給眾人歡笑，也很不錯呢！

接著，可以慢慢進階成「完成式」的口吻：

・我是一位很有音樂天賦的人！
・我是一位能夠品嘗出食物美味的人！
・我是一位對迪士尼電影很有研究的人！

或許一開始練習時會覺得很奇怪，也說得吞吞吐吐又卡卡的，不過當你慢慢開口多說之後，會發現自己越來越喜歡自己，也會更對自己說的內容感到有力量，帶著這樣自信滿足的感覺，甚至可使負面能量從生活中慢慢消失。

我們不一定要變得很厲害，但一定要學會愛自己

學習讚美與肯定自己，是非常重要的一件事情。就像用放大鏡去看自己的美好特質，也接納自己的不完美，雖然在一開始不是一件容易的事，不過在我們一次次的刻意發現，就能越來越敞開心胸地接收這一切。

當我們越愛自己、越能找到自信，在這過程中就會慢慢蛻變為一位有魅力的人。

也因為我們愛自己，如同幸福快樂斟滿自己的杯子，而自然而然地向外滿溢，就會有更豐盛的愛能分享給他人。我們並不會過於奢求對方要給予回報，而是自在、願意且無所求的。

要相信，當你能讓自己幸福快樂，而不是從他人身上索取，你會更有魅力、更有力量，也會遇見更好的自己。

請寫下十個自己的優點，描述越具體越好，寫完之後請帶著快樂的心情大聲朗讀出來，感受一下「自己肯定自己」的感覺。

1

2

3

4

5

6

7

8

9

10

別讓他人的價值觀，影響了自己的人生

成長的過程，常會遇到許多「貼心」的人，和你分享他們的過來人經驗，尤其常見的奉勸句型有：

- 我跟你說，你如果〇〇〇就會……
- 你這樣不行，你再〇〇〇一定會……
- 沒有人像你這樣的，你看看其他人，他們都……
- 你如果放棄了〇〇〇，根本就是浪費了之前的所有努力！
- 你看電視上的〇〇〇，你想跟他們一樣嗎？他們就是因為都……
- 選〇〇〇科系就對了，將來一定……
- 男生／女生就應該〇〇〇，這樣才不會讓人覺得……

以上的句型，如果再誇張一點，通常還會伴隨著情緒勒索：

- 你如果不聽，後果自己處理！
- 你自己想想看，跟你一樣年紀的人，有人像你這樣嗎？
- 萬一失敗了，不要哭著回來找我！
- 你要知道，我是花了多少錢投資在你身上，你才有今天！

這樣無限擴張的瘋狂句型，容易將原本想表達的關心轉為情緒勒索，除了讓聽者產生不舒服的感受外，甚至會不想將自己真正的心聲表露給對方。我想類似這樣的句型，多多少少都有出現在我們生命中的不同階段。

更可怕的是，最後如果還是說服不了你，他們會直接用「我是為你好」來結束這回合，此時我們自己的立場也就很容易動搖，或是站不住腳了。

高中要升大學時，我很清楚地知道，如果我要繼續走古典音樂，那我就要更接近台灣的古典音樂殿堂——國家音樂廳。在當時，最好的音樂會和音樂大師班，都是在台北才有這樣的演出機會，因此我的大學志願全部填了台北的學校，即將要到台北展開我的大學學習生涯。

就在此時，親戚們很貼心地告訴我：「台北人心機都很重喔！記得聽話只能信三分、熟的朋友頂多信五分，你不要被騙了！要小心一點！」當下聽到這樣的提醒，其實挺嚇人的，覺得我即將要到一個很危險的地方，怎麼換一個城市會差那麼多！

雖然很感謝親戚們對我的叮嚀，不過冷靜後我就想著：「你們去過台北嗎？真的對台北很熟嗎？有交過台北的朋友嗎？消息都是從生命體驗得出的，還是看新聞或聽說來的呢？」於是，我雖然帶著謹慎的態度，不過依然很開心地到了台北來闖蕩。

我上大學時，成績有明顯起色，都能保持在不錯的成績，同時我也開始跨領域參與許多非音樂相關的活動，並用家教賺來的學費，投資在許多教育訓練課程上，因緣際會之下，也慢慢走向講師教學的接案人生。但一開始接到的案子不多，為了負起我對家教學生的責任，後來就結束了我的鋼琴家教生涯，因為深怕有演講的案子撞期，就需要和學生不斷調課。這樣的選擇，在我初期的職涯人生，再度受到許多親戚的關心：

「你好不容易都念到音樂系了，為什麼不去當音樂老師？」

「你成績也不錯啊！怎麼不繼續念音樂研究所呢？」

你爸媽為了栽培你，讓你學音樂花了多少錢，結果你現在竟然沒有走相關行業，你不覺得這樣很浪費嗎？」

我知道他們是為我好，擔心我會沒有穩定的收入，無法在台北生活，但是他們對我的關心語句、加上有些激動的情緒口吻，累積起來就讓我感覺到很不舒服，甚至讓我覺得他們對於我的選擇很不諒解。

總之，這樣的關心語句，讓我感覺到非常不被尊重，為什麼大人總想著現在的結果，或是眼前的利益價值？我常想，為什麼很少有人會好奇問我，為什麼會想做這個選擇？是什麼樣的動機讓我有這樣的想法？

當我們好像還沒做出點什麼成績來的時候，我們的選擇及想法，是完全無法說服身邊的親朋好友和大人的。我當時並不求他們理解或認同，只希望能獲得鼓勵和尊重。

從以上這些經歷中我深刻感受到，若當一個人的意志不夠堅定，或是沒有保持獨立思考的能力，是很容易會被他人的話所影響的，尤其對方是熟人親戚的話，那種無限循環提問的關心壓力，更難切割乾淨，只能用堅強的笑容去包容和回應。

這一路上我真的非常感謝我的父母，我擁有很支持我的家庭，雖然爸媽也不一定理解我的每一個選擇，卻願意不斷為我加油打氣。所以當我接收到其他風風雨雨的評論，都會想著「我爸媽都沒説什麼了，那就謝謝你們對我的關心。」但我還是很感謝親戚們對我的關懷，我相信沒有人希望自己的親戚是過得不好的，只是若透過較令人感到舒服的表達方式，相信一定能達到更好的溝通目的，促進良好的交流關係。

其實類似的故事，在我後來的教學生涯中也聽到不少。例如曾經有一次到企業做培訓，我請大家分享是什麼樣的信念影響了你的「自信心」。當大家都分享完畢後，輪到總經理來分享，這位總經理是一位女士，在同仁眼中是一位女強人、很有想法、也很能承擔壓力，不過她分享的內容，卻讓大家感到很心疼：

「我從小到大，父母永遠覺得我不夠好，即使我的成績已經是班上前三名，但他們總是能找到更高的目標去刺激我，覺得我還可以更完美，所以我總是覺得，好、還要更好。」

另外一個案例是，有一位知名外商銀行的女主管來找我上課，原本是希望能提升溝通說服力和自信心，後來深聊之後才知道，原來她小時候因為爸爸對她非常嚴厲，導致她對於「男性權威」有恐懼症，而現在她的老闆也是男性，所以即使她很認真準備提案內容，但當日只要有老闆出現，就會表達得相當不自在。

每個人的價值觀，最先都是受到原生家庭的影響，包含了信仰觀、選擇觀、金錢觀、愛情觀等，後天再受到環境影響、生長經歷等所累積起來。不同的時代會有不同的文化思維、當下的慣性思維，價值觀體現了一個人對於事物的評價以及立場，這些並沒有絕對的對與錯，只有適合與不適合。

然而，在我們的教育當中，我們幾乎沒有去學習過怎麼接納不同的聲音，也很少學習表達自己內心真正的感受。當我們遇到價值觀不一樣的人，通常不是去承受、就是去反抗，而這之間最缺乏的，就是去溝通表達，而且是要用對方聽得懂的方式去做表達。在表達之前，要先學會同理對方的動機和目的，不然往往只會成為平行線般的各說各話，而不是有交集的理解對方。

想要自己的價值觀不被動搖，建議要多花點時間在自己的身上，靜下心來思考，自己最核心的內在價值觀，以及你最在意的優先順序是什麼。當然，價值觀不是永恆不變的，依然會隨著大環境的變遷及自己的閱歷增長而調整。現在我們就一起靜下心來，透過以下的方法和提問，協助自己找出價值觀的思維吧！

1透過與自我對話的時間，分析自己對於現階段的環境狀態選擇，都抱持著什麼樣的看法。

2當生活中發生重大新聞事件時，可以多去傾聽周遭朋友們的想法，並問問他們為什麼會這麼想，保持著開放的好奇心去聆聽，一定能聽到很多很有意思的內容。

3請列舉五個你認為人生中最重要的事情，並寫下為何你認為很重要？是有受到誰或是什麼事件的影響嗎？

• • • • •

4你覺得現在身邊的人大多數都跟你的價值觀或想法一致嗎？你覺得優點是什麼？隱憂又會是什麼呢？

最後提供幾個好用的回應句型，若下回遇到對方和自己價值觀或選擇不一樣時，可以試著用這樣的句型回應看看，或許能激盪出更多特別的火花。

- 這個想法很棒呢！原來還有這樣的思考方式！
- 謝謝你的分享！不過我很好奇，你的資訊都是從哪邊得知的呢？
- 你說得很有道理，我想你一定也很感同身受，才會有這樣的體悟。
- 哇！關於這部分我無法立刻回答你，目前還需要蒐集一下其他資訊，才有辦法做出更好的回應。
- 謝謝你願意跟我說這些，我會參考看看的！不過還是希望我們能保有一點空間做最後的彈性調整。
- 嗯，我想你一直強調這個部分，一定是你很在意這件事情，能再和我多說說這件事情的來龍去脈嗎？
- 這是一個好主意，我會試著調整看看！對了，關於我剛剛說到的部分，也希望你能參考一下。當然，我們現在都不用做出結論，等下次碰面時，我們再來分享最後的結果。

以上這七個句子，大家有發現其中的回應技巧嗎？

對於和我們價值觀或想法不同的人大有人在，不過我相信沒有一個人喜歡被批評或被否定，因此當我們回應他人時，要記得這個小訣竅，也就是不要一開始就去反抗對方的想法或提案，而是可以先使用「感謝」＋「接受」＋「提問／緩衝」的說話公式，讓對方感受到我們有認真傾聽他說的內容，而如果對方的內容和自己的想法差異甚大，建議也先不用急著去告知我們的想法，而是帶著好奇心去「提問」，挖掘他背後更深一層的動機，或許你就能明白他為什麼會那樣說了。

不是每一個人都能具體表達心中的想法與感受，很多時候他們的回答連他們自己也不是很清楚知道為什麼會這麼說，甚至很多人在立場上也很不堅定，容易受到他人左右，因此，**只要你透過更多的「感謝＋接受＋提問」去理解對方的動機，自然而然就會找出能更輕鬆說服或引導對方思維的方向，反而不需要花太多力氣就能達到你要的溝通目的。**

這看似很難但其實不會，真正最難的是，每當我們面臨對方意見和我們不合時，尤其對方又是自己熟悉的人，情緒就容易受到影響，而無法靜下心來用這樣的說話公式去和對方溝通，久而久之就會直接選擇逃避，或導致更劇烈的情緒衝突，相信這都不是我們最初的目的。試試看用以上的句型，久了你也能延伸出一套屬於自己的應對方式。

口語表達，只是人際交流的一種方式

說到「表達力」，大部分人都會直覺認為是跟「口語」表達有關，不過口語表達其實只是我們其中一種表達方式，實際上我們在與他人溝通之前，從我們的外在穿著、選擇的搭配飾品、行為模式等，都是在表達我們自己的其中一個面向，因此，如果我們只透過其中一個面向就對別人下定論，就容易錯失了認識他人全貌的機會。

有趣的是，往往我們從其中一個面向，也可以大致去延伸判斷一個人的其他行為模式。

就拿「走路速度」為例，你有觀察過自己的走路速度和其他人比起來是怎麼樣嗎？走路速度的快慢是一種比較值，可能你在家人之間偏慢，但有可能在朋友之間偏快，所以還是需要先透過觀察，才有辦法去剖析自己的走路速度。

走路速度偏慢者，說話速度也會較為慢、甚至拖

若你覺得對方的走路速度偏慢，我想在正常的狀況之下，你一定很想超越他，不想走在他的後面。走路速度偏慢的人，有可能的狀況是：

- 他邊走路、邊想事情
- 他對於此路不熟悉，邊走路邊找路中
- 可能他目前正處在於比較低落的情緒，讓他無法闊步向前行
- 想要透過放慢腳步，欣賞周圍的風景
- 這就是他的走路習慣

而無論是什麼原因，大部分走路速度偏慢的人，開口說話時的速度也會相對比較緩慢，說話的音量上也是中偏小聲。在內容的組織上，回覆你的時間，可能需要多花上三到五秒。如果這樣的整體模式跟你很不一樣，你就會相對比較沒有耐心去傾聽他的回

應。不過說話速度偏慢的人，也會給人一種穩定和安定的感覺，不疾不徐地表達自己的想法與感受，顯得較為冷靜，不容易說錯話，也較善於傾聽你的回應。

走路速度偏快者，說話速度也會較為快、甚至急

若你覺得對方的走路速度偏快，我想在正常的狀況下，你從遠方就容易聽見他的急促腳步聲，甚至會先靠邊讓他走過去。走路速度偏快的人，有可能的狀況是：

- 正在趕時間或有個明確的需求，需要趕緊抵達目的地
- 已經非常熟悉路線，不需浪費時間在探索環境上
- 他專注在走路這件事情上，對於四周的變化比較不關心
- 這就是他的走路習慣

而無論是什麼原因，大部分走路速度偏快的人，開口說話時的速度也會相對比

較快，甚至是單字音會變短，整體聽起來很急促。而說話速度偏快的人，習慣性在內容表達上只會說重點，因此若跟這樣的人溝通時，就會感覺比較有距離感。

當然，以上拿走路的速度來做表達力的延伸，不一定所有人都是如此。在此想要分享的重點是，我們可以從一個人的行為模式，去延伸判斷他的其他面向，這些都會有很大的相關性。

在大學以前的我，都是住在台中，也因為在台中生活了十八年，對於我所熟悉的環境其實不太會有特別的感覺。後來因為到了台北念大學，很明顯就能感受到大城市的繁榮感，從車流的速度、行人的走路方式，自然而然好像就是要保持在一定的速度感，尤其在搭乘捷運時，更可以明顯感受到每個人的腳程之快。在這樣的環境之下，我好像也被同化了。印象很深刻的一次是，我回到台中和媽媽去逛百貨公司，我勾著媽媽的手邊走邊逛，可是我忽然發現，怎麼我和媽媽的速度不太一樣，就當我正要開口跟媽媽說走快一點時，媽媽就有點情緒地對我說：「我們不是出來逛街嗎？為何要走那麼快？你是要去哪裡？」我才回神想到，啊！我是在逛街，而且這裡不是台北，真是太不好意思了。

這次印象深刻的經驗，讓我到各地去授課培訓時，都會特別留意當地人的走路習慣，來調整自己的狀態。因為我調整了走路的速度，也會影響到呼吸、換氣，因此，更直接的就是影響到我的說話速度了。

很多學員會搞不清楚，是什麼樣的原因，養成了現在自己的說話方式，實際上我們的整體狀態，並不會因為單一原因而形成。就像去看醫生時，許多人都以為腳痛醫腳、頭痛醫頭，但實際上還是需要去找到真正的病因，才有辦法對症下藥。說話表達也是一樣，**如果想要讓自己的口語表達力提升，不要僅關注在自己的「說話」問題，很有可能改變了其他的狀態，表達力自然而然就會進步。**

當然，該怎麼去找到影響自己的真正成因呢？最好的方式，就是先**有意識地開啟生活中的觀察力**，重新去感受日常生活周遭大小事、留意習慣上班上學那條路上的風景、生活中的每件小事，你將會發現，原來「開口表達」的說話狀態，真的也會被其他面向影響著。因此，想要擁有良好的人際溝通力，口語表達只是其中一個意識交流的元素，而影響整體感受力的，依然需要搭配整體一起提升，讓自己成為內外合一的理想狀態。

寫下你心中認為的「表達高手」的樣子

你認為「表達高手」有哪些必備的元素呢？什麼樣的人會讓你有「哇！他講得真好！」這種讚嘆感？在下一章分享提升說話技巧之前，請你先想一下你心中認為的「表達高手」該有的樣子，並盡可能將你想到的所有面向及元素都記錄下來。這樣，我們在之後的單元中，你可以去對照一下，你所想要提升的樣貌，是否有合適的解答及方法讓自己有所改變。

提升表達力，從自我檢視開始

以下「生活表達力狀況」，你符合哪幾項呢？

- □見到他人會主動打招呼。
- □常將「請、謝謝、不好意思」掛在嘴邊。
- □習慣把句子表達完整且清楚。
- □說話之前習慣先微笑。
- □傾聽對方說話時，會放下手邊的事情，眼睛看著對方。
- □當別人提出問題時，會先確認對方的問題再回覆。
- □戴上口罩說話時，會適當調整說話音量，以免對方聽不見。
- □發現對方可能不理解自己表達的內容時，會主動解釋或再換句話說一次。

以上內容可能你會覺得非常簡單或老生常談，不過實際上「知道」到「做到」肯定還是有一大段距離的。

這幾個項目，是我在生活中觀察身旁的朋友、學員、路人等，最常發現會造成人際溝通誤會的主要原因。有趣的是，當自己沒有做到時，大多數的人都不自知；而別人沒有做到時，卻會非常有感覺，甚至覺得，對方怎麼會那麼沒禮貌地對自己！

想提升表達力，第一件事情絕對不是開始瘋狂翻閱相關書籍，或是找課程來進修，最重要的是，**先檢視自己平時與人的溝通和互動狀態**，**唯有先「自我檢視」才有辦法「具體調整」**，在這個章節中，我將協助大家，該如何有步驟、有方法地，重新認識自己的表達力。

九九%的人第一次上台都會犯的錯

還記得第一次被老師叫上台自我介紹的樣子嗎？還記得第一次要站在全公司面前會報專案的自己嗎？還記得在家準備了好久，終於要去面試工作的心情嗎？還記得第一次要向自己心儀對象告白的當下嗎？

以上這些情境，我想大部分人都不陌生，但總是在這些「關鍵場合」無法自在從容地表現自我，甚至還造成令人尷尬的反效果嗎？

有一個有趣的調查，美國加州查普曼大學在二〇一四年向國內成年人進行「最恐懼的事情」調查，而「公眾演說」名列前五名，比飛行、失火等還要來的害怕。因此，如果害怕上台說話這件事情是你一直無法突破的，千萬別覺得很丟臉，因為全世界有超多人都有這樣的問題，你絕對不是唯一。

不過，你知道九九%的人在上台演講時，都在想什麼嗎？根據我的教學經驗，九九%的學員站上台時，心裡都在想著：「我可以下台了嗎」。

而下一位即將要準備上台的學員，你知道他在想什麼嗎？大多數的人，都是在想著：「我希望他可以講久一點，因為我還沒準備好要上台」。

那麼，已經講完的人，你猜他正在想什麼？大多時候，講完的人想的是：「那我可以先離場了嗎」。

所以有沒有發現，現場只有一個人最認真在聽台上的人說話，也就是評審。

幾乎很少有人會認真在乎台上的人表現得如何，也很少有人真正歡喜地和台下聽眾交流自己所準備的內容。完成任務的講者，更不在意那些還沒講完的人，只覺得自己鬆了一口氣，熬過了這場報告，然後開始放鬆做自己的事情打發時間，甚至開始躁動想離開現場。

這些場景，有沒有似曾相似呢？

一直以來，我們都沒有真正、好好地學過說話，也不知道原來一般人與人的面對面溝通，和站在台上的演說分享，會是完全不一樣的狀況與情境，因此表達的技巧與需要注意的細節，也會截然不同。

可惜的是，我們除了沒有好好學過演說的表達方式，更沒有學習到該如何當一名好聽眾，導致我們沒有在專心聽他人說話，幾乎所有的人（講者、等待者、完成者）都是把專注力聚焦在自己身上，並非在他人身上，以至於我們無法去學習欣賞他人的優點、懂得與台上的人互動連結、更別提情感上的支持和鼓勵了。我們總是在自己的世界裡忙得一團亂，很難在混亂的情緒中拉高格局，去思考現在自己的處境。

我們一起來思考，若當一位講者站上台時，心裡都在想著「我可以下台了嗎」，這樣的不安全感，或是不願意面對這件事情的狀態，導致他們站在台上時只想趕快逃離現場，那麼你覺得他們能「好好表達」嗎？

你覺得這樣狀態的人，會想和底下的聽眾互動嗎？

如果不想互動，那你覺得他的聲音會清楚讓大家聽見嗎？

如果聲音很小聲的話，你覺得他的咬字發音會清晰嗎？

如果咬字發音不清晰，你覺得會有生動的聲音感染力或高低起伏嗎？

如果沒有感受到他的「聲」命力，你會認真傾聽他的說話內容嗎？

如果沒有認真傾聽，那你會知道他現在站在台上，到底在說什麼嗎？

假若這一連串問題，你的答案都是否定的，甚至有種恍然大悟的感覺，那麼恭喜你，我們終於開始慢慢進入到不同思維，去看待同樣一件事情了！

接著，我們把畫面轉到下一位即將上台的學員。倘若他現在的思維是「我希望他可以講久一點，因為我還沒準備好要上台」，那麼你覺得他準備好了嗎？

如果他都已經要上台了，但是他卻還沒有準備好，會不會上述的狀態接著又重新上演一回？

下一位講者的專注力應該要放在「我等等該如何好好地呈現」，甚至應該要想的是：

- 我該怎麼開場才能吸引大家的目光？
- 我該怎樣分享，可以讓大家眼睛為之一亮？
- 我可以怎麼表現，讓評審印象深刻、讓大家感受到我的用心準備？

其實你一開口的聲音狀態，就會決定大家怎麼去感受你的氣場，你的自信與是否充分準備的口氣，也都會在一開始的時候就透露。因此要把思緒的專注力調整一下：將「希望台上的人講久一點」改為「我等等一定會一開場就讓別人覺得很不一樣！」這兩者之間的思維最大差異就在於，**前者是把注意力放在我們無法控制的事情身上，而後者是我們可以去掌握自己的狀態，相對來說會更有力量！**

而最後一個視角，就來到當我們「講完時」，很多人覺得終於可以鬆一口氣，因此就想著何時可以離場、希望下一次不要再上台等等；也會有另一種人，會在下台時開始檢討自己剛剛的表現，但多半也會是覺得懊悔：「剛剛講得好爛」、「有些地方忘記講到了」、「為什麼其他人都那麼厲害」。

若調整一下，當我們講完之後，可以趁機觀摩一下台上的分享者，記錄下你覺得很棒的地方，或是在同樣的主題之下，有哪些人分享得很有特色、有哪些人的風格很令你欣賞。調整不同的思維和行為，就可以在每一次的上台分享中有更多的收穫。

1 如果現在有一個機會邀請你上台自我介紹，或是分享一個專題內容，你第一個直覺想法會是什麼呢？

2 當你準備要上台分享時，你此刻的心情是什麼？你都怎麼去調適自己的緊張情緒呢？

3 當你站在台上時，你此刻的心情是什麼？此時的念頭和想法又是什麼呢？

4 當你已經講完之後，你此刻的心情是什麼？此時的念頭和想法又是什麼呢？

培養「聽眾思維」，才能清晰看見自己的問題

在人際溝通的教育養成中，最常聽見的是「說話前要先聽清楚、要站在他人立場去思考」，但沒有任何人教過我們該如何培養「聽眾思維」，以至於大多數的人不知道該如何好好傾聽、正確傾聽，以及要怎麼站在他人的立場去感受對方的感受。

所謂的「聽眾思維」就是當我們不是說話者時，我們該如何好好當一名「聽眾」，並且讓說話者能真正感受到我們「在聽」的誠意。**想要擁有良好的表達能力，學習先當一名好的傾聽者、聽懂對方的言下之意，才能提升溝通效率。**

我們拿上一篇提到的「在上台演講時會有的狀況」來繼續分析，會發現還有一個對象我們尚未提到，也就是「聽眾」。

若假設講者尚未學習過表達技巧，大部分講者因為專注力只在自己身上，他們並沒有想要和底下的聽眾交流、也沒有想要讓聽眾聽得太清楚（有些人是因為很害

怕說錯、不想成為大家的焦點；有些人是因為沒自信而導致聲音太小聲等），這樣的狀態也使聽眾不會好好去傾聽及欣賞台上講者的表現。那麼身為一名聽眾，是否也只會把專注力放在自己身上，以至於沒有認真去欣賞台上講者的表現、記錄可以學習的地方、改善自己可能也會遇到的問題，以及最重要的，就是給台上的講者支持與鼓勵呢？

當我隨機抽點幾位同學，詢問剛剛台上分享者的表現時，很高機率他們都會一臉茫然地看著我，有時還會擠出尷尬的微笑，並小聲說「不錯」。若再追問下去，詢問哪邊不錯？他們則會安靜面對這一回合。

沒有養成良好的聽眾思維，不知道該如何當一名好的聽眾，輪到自己上台時，就會更不知道該怎麼站在聽眾的立場，去感受對方的感受，也不清楚要怎麼樣才能吸引聽眾的目光、如何從第三者的角度去調整自己在台上的表現。整體來說，就形成了一個不健康的循環。

有趣的是，往往我們認為對方可能在乎的、跟對方真正會去關注的，卻不太一樣。讓我來舉個例子。

每當我去校園為老師們上研習課程時，詢問老師們「在上課時，學生怎麼樣的行為會讓你覺得他們有認真在上課？」

老師們異口同聲回答：「眼睛有沒有在看著我。」

很神奇吧！你以為認真上課的狀態，應該是有沒有認真在「聽」，不過老師卻認為，學生有沒有認真在聽課的關鍵，是有沒有「看」著他。

「那為什麼不是他們在認真抄筆記呢？」我好奇詢問。

「因為學生很有可能低頭在畫畫呀！」

「對呀！常有學生會把孔子畫成關公耶……」

老師們非常有共鳴地開始分享著曾經遇過的有趣經驗。

老師都一致認為，有認真在「聽」課的關鍵，就是有沒有認真在「看」著他上課。不過，當然這僅是判斷「是否認真」的其中一個標準，總不能整堂課只「看」著老師吧！因此，擁有良好的「聽眾反應」就非常重要了。

什麼樣的行為反應，你會認為對方有「認真」在聽你說話呢？

- 眼睛要看著你。
- 身體面對著你，而不是只有頭轉向你。
- 對於認同的地方，有適當的點頭或微笑。
- 若有不清楚或不認同的地方，會有適當的表情反應，例如皺眉頭或搖頭等。
- 當覺得很重要的地方，會搭配抄下筆記的動作。
- 當聽得很投入時，會舉手發問、一起探討某個議題。
- 當你提問題，會開口回答，熱絡參與其中的環節。
- 當你講完時，會給你掌聲鼓勵。

以上這些行為反應，都是我在觀察當一位「好」聽眾，該具備的正向素養；反之，若沒有以上行為反應，難免會讓台上的人有些失落，也可能會投射在自身，覺得是不是自己講得不夠好，所以台下才鴉雀無聲、如此尷尬。但大多時候，是因為我們太習慣「冷靜」面對傾聽這件事情，不習慣適當給予台上講者支持與鼓勵，當我們自己沒有這樣的行為展現時，輪到我們上場後，同樣也不會有聽眾這樣與我們互動。

上述行為反應只是我在教學生活中觀察到的現象之一，若真的要延伸下去探討，可以分享的實在太多。讓我們把焦點拉回來，原來**要培養自己擁有「聽眾思維」的核心練習，便是讓自己真正去清晰看見自己的問題。**

我開始培養自己「聽眾思維」的轉捩點，是我早期開始在講課時，某一次下課，一位學員走到我面前來跟我說：「老師，我覺得你的課很精采！但是我覺得你的表情有點嚴肅，尤其是在傾聽學員提問時，我總覺得你的臉看起來感覺很兇，會讓我不敢問問題。」

當下我既感謝又驚訝。感謝這位學員願意和我分享他的真心話與觀察，驚訝的是，我真的有那麼嚴肅到不敢讓學員問問題嗎？

剛好那一場的課程，主辦單位有請攝影師來做影像紀錄，我當天很認真地把有我出現的畫面都放大來看，我才發現，我真的有這樣的表情與狀態！

尤其是當我「很認真在傾聽時」，我的表情確實給人一種「很嚴肅的感覺」，因為我當下會很認真地看著對方、忘記了笑容、肢體動作也會雙手抱胸，呈現思考的樣貌，而這樣的肢體狀態，應該就是學員告知我看起來很兇的樣子。

後來有好一段時間，我認真提醒自己要做好「表情管理」，站在鏡子面前模擬了一番我可能會在學員面前出現的表情，我還將每個表情都拍下照片，甚至還特別帶了一位助教跟著我做課程的影像紀錄，就是想用第三者的角度，來檢視自己站在台上的樣子，到底給人什麼樣的感覺。

這件事的發生對我來說真的是一個很棒的禮物，要不是因為這位學員願意跟我分享他的感受，我可能都不會知道自己原來有這樣嚴肅的狀況，也很有可能因為這樣的「嚴肅」，造成更多學員不敢在課堂中表達自己真正的想法。

其實，**若能好好鍛鍊「聽眾思維」的能力，也會直接提升我們的「同理心」**，我們會更清楚知道，為何對方會有這樣的行為反應，就像是有可能他們的「嚴肅表情」不是真的很兇，而是他們在「認真傾聽」；有可能他們的「沒有反應」不是真的沒有想法，而是他們還沒有想到更好的用詞。當我們開始有意識鍛鍊這樣的思維力，就能讓自己保持更客觀的視角，來看待所發生的每件事情。

1 當你演講完後，有沒有收過什麼印象深刻的反饋呢？

2 當你站在台上時，有認真觀察過聽眾的反應嗎？你覺得什麼樣的「聽眾行為」會讓你覺得對方很認真在傾聽你的表達內容呢？反之，什麼樣的行為，會讓你覺得他們很不認真呢？

3 有沒有曾經因為不理解對方真正的想法，而誤會過他人呢？

4 你期待自己在台上演講時，帶給大家什麼樣的感覺呢？

豐富感官刺激，提升表達敏銳度

「老師，我覺得自己的聲音很難聽，我可以練得像志玲姊姊一樣溫柔嗎？」

「老師，我覺得我的聲音很尖，有辦法像金城武一樣有磁性魅力嗎？」

「老師，我覺得……」

每次聽到這樣的「目標設定」都會不禁令我捏把冷汗，不是說這樣的設定太好高騖遠，而是當我們沒有搞清楚設定目標的原因，以及自己的形象特質時，為了改變而改變，是不會帶來正向影響力的。

「我感覺我的聲音很像小朋友，說話都沒有說服力。」

「我覺得自己的聲音很低沉平淡，上課時學生都容易睡著。」

「我的聲音沙啞難聽，因此說話時很沒自信。」

「我感覺我的聲音超級沒特色，做電話銷售時常常被無情掛上電話。」

如果你有類似以上的困擾，那麼恭喜你，你已經比許多人還要有自我覺察力了。

大多數的人，對於「聲音」的感覺是非常無感的，畢竟聲音看不見、摸不著，很難具體量化，所以當你跟對方說「我覺得你聲音太小聲了，我聽不到」，接收者可能會有兩種反應，一種是「我說話本來就很小聲啊！」另一種是「真的嗎？我聲音很小聲？」而這兩種反應，對於聲音小聲的人來說，很難在當下採取什麼樣的行動，因為他也還沒真正意會過來「聲音小聲」到底是什麼樣的感覺，以及會對於溝通造成什麼影響，甚至可能還會回你「那你就靠近一點聽啊！」相信這樣的溝通，絕對不是大家所期望的結果。

「感覺」實際是上一種「相對論」，也就是在相較之下形成的感覺差異。因為是相較之下的感受，所以並沒有絕對的好與壞，只有適合或不適合於當下的情境氛圍。

假若我們覺得對方說話聲音很小聲，比較好的溝通建議句型是：「**在這個狀態下＋我的感覺是＋我希望可以調整的是**」，例如：

- 因為我正在大馬路上，附近非常吵雜，是否可以請你說話再大聲一點，不然我聽不清楚。
- 我相信你一定有很多想法想跟我分享，不過因為當你站在台上時，我們的距離變遠了，所以希望當你上台說話時，聲音可以再大聲一點，這樣我會聽得比較清楚。

當我們開始慢慢使用這樣的溝通句型，將會發現自己換位思考的能力及同理心也會越來越好。

有趣的是，你應該有聽過長輩在罵小孩子時說：「你們怎麼都不會拿捏分寸？」到底這個「分寸」要怎麼拿捏才適當呢？而到底適當的分寸又是如何呢？

我們團隊曾經有一位夥伴，他是一位很有親和力及喜愛孩子的老師，不過總覺得他的說話音量很大聲，但又覺得他不是故意的，所以並沒有太放在心上。後來有一次他到我的辦公室找我，辦公室不大，也只有我跟他兩個人，結果他依然用了蠻大的音量跟我說：「老師，我準備好了！可以準備出發囉！」我突然被他嚇到，不過也就匆匆忙忙和他去搭捷運授課了。在我們搭捷運的過程中，他突然很有活力地開口跟我說：「老師我們下一站就到囉！」當下覺得超級不好意思的，因為整個捷運車廂內滿滿都是人，而他依然不減音量，讓我覺得他不是很有禮貌，正當我想開口念他時，我突然好奇怎麼他一點抱歉或不好意思的感覺都沒有，所以我就改用提問的方式問他：「你剛剛有發現，當你在開口跟我說話時，其他的人都有注意到我們嗎？」他回我說：「真的嗎？我沒有注意到耶。」

後來我們課程結束後，我給了他一個小任務：「老師這陣子有發現你說話的音量都還蠻大聲的，不過也知道你不是故意的，你回家觀察一下，你和家人的講話方式、音量大小聲，以及整體說話的感覺，明天和我分享一下。」

隔天，他很興奮地跟我說：「老師，我終於知道為什麼我說話會讓人感覺很大聲了！」原來是因為他從小隔代教養的關係，而他的爺爺有點耳背、聽不太清楚，為了順暢地和爺爺溝通，他已經養成說話很大聲的習慣，而這樣的習慣，使他比一般人更用力地控制肌肉，也因為養成了用力的習慣，在和一般人溝通時，若沒有去覺察且調整，就很有可能造成他人的壓力。

我們現在的說話方式，都是習慣的養成，無論我們最後養成了什麼樣的聲音狀態，只要學習著**隨時保有敏感度去調整聲音變化**，以及理解所有的感覺都沒有對與不對，便能更保持彈性地去覺察分寸的拿捏。

所謂的「分寸」就是距離的單位。在正常狀況下，人跟人溝通時都是站在他人的對面，也就差不多是一個手臂的距離。以這樣的距離為適當距離基準的話，若離得越遠，就要讓說話的音量變大聲；若越靠近，說話的音量就要小聲一點。要不然就會導致明明我跟你離很遠，但因為你說話的聲音很小聲，而我聽得很辛苦，使溝通品質和情緒都受到影響。

那麼，又該如何去提升對聲音的敏銳度呢？

我從小因為受到音樂班嚴格的聲音訓練，對於聽覺的敏感度比一般人來的高。我們有一門必修的聽寫課，要學習聽得出所有的音高、節奏、快慢、調性、和聲等音色變化，並且把所聽見的所有音符寫在五線譜上。實際上，這並不是一項輕鬆的課程練習，因為大多數的人都沒有先天的絕對音感，所以在訓練的過程，也是經歷過長期的有意識鍛鍊。

在沒有刻意學習過聲音差異的狀態下，我們很難明辨聲音的音色變化，就好比很多人會說「我聽不懂古典音樂為何美妙」、「完全沒有歌詞，我聽不出聲音的差異」、「小提琴跟中提琴除了外型以外，真的有差別嗎？」如果上述你有同感，我能明白你的難處，因為每個人先天在五感（視覺、聽覺、味覺、嗅覺、觸覺）上的敏銳度都不太一樣，有些人先天就對於某些感官特別敏銳、對於某些感官特別無感。

以我自己為例，我自認先天對於「味覺」的感受比較駑鈍。當大家跟我說哪些美食特別好吃時，我大概只能吃出一個大方向，很難品嘗出當中的層次感。尤其是「辣」這個味道，我完全無法吃出辣椒的風味，可能是我先天不太敢吃辣，每次吃辣的時候，那種麻痛感會大過於食物的感受。因此，所有的「辣」對我來說，感覺都一模一樣。

我有一個做品茶教學的學員，他說他們的茶種都相同，但可以透過不同的烘焙度及發酵程度，製作出至少十二種口感，呈現出來的顏色及香氣也完全不同。

我很驚訝地問他：「那這樣訓練品茶味覺的敏銳度需要多久時間呢？」他回

答：「我們教的雖然是分辨的技巧，不過是否真的能分辨得出茶葉品種的好壞，依然沒有其他方法，只能多喝、多嚐、多感受。」

同樣的，聲音也是，在訓練聲音的一開始，沒有什麼捷徑，若真要說，只有大量、刻意去練習你的聽覺，並且把聽到聲音的感覺，找出貼切這個感覺的詞彙，透過文字來表達出你的感受。而這樣的練習，也需要搭配「擴充你的形容詞詞庫」，否則會因為匱乏於形容你感受到的感覺，而無法貼切描述給對方知道。

為了讓大家將五感體會到的感受，用更精準的形容詞描述出來，接著，我來和大家分享我是怎麼訓練自己「擴充形容詞詞庫」量的方法。

走路觀察法

我每天上班都是搭乘捷運來回，為了讓自己在相同的路途中增添新鮮感，我就跟自己玩一個遊戲，每當我看見不同路人的「表情」時，都要用一個句子去「形容」

我所看見的感受，而且不得使用重複的形容詞及句子。

在訓練的過程中為了達到能聚焦鍛鍊，每天我會設定一個主題來達成。例如我今天要訓練的是「媽媽」這個主題，所以當我看見一位女性時，假若由視覺年齡判斷可能是一位媽媽，我就會給她一個形容：「這是一位正在趕著要去接小孩放學的媽媽」；而下一位我看見像媽媽的女性，就會形容：「這是一位期待見到孩子的媽媽」，或是「這可能是一位剛罵完小孩的媽媽，正在想著等等要如何和老公告狀」。隨著不同的穿著打扮、表情、走路速度、講話聲音等特質，綜合之下，我要用一句話來形容這些媽媽。

由於這樣的練習不會有正確答案，也不需要上前詢問對方真正的身分或心情，因此這樣的練習可以自在暢快地作答，過程中也很有趣。

電話紀錄法

在跟別人講電話時，其實是最適合訓練聽覺的時刻，因為可以很用心地去傾聽對方的聲音，給你什麼樣的感覺。由於感覺是很抽象、沒有標準答案的，所以我們可以用「相較之下」在心中感受和比喻。

例如「相較之下，這個人的說話速度比我快，所以每當我接到這位客戶的電話時，都會有莫名的緊張感。」「相較之下，這個人的說話音量很小聲，小聲到我都聽不清楚他在說什麼，甚至每個字的音都黏在一起了，只能用猜的去判讀想表達的內容，只要和他講電話就會感到相當吃力。」透過這樣把你所聽到的每段聲音，去賦予感受性的形容詞及句子，一開始練習一定會比較困難，也很難在短時間內完整敘述感受。可以先從關鍵的單個形容詞去形容就好，久而久之，就能慢慢形成比較精準的內容。

食物品嘗法

吃飯是我們每天必做的事情，然而在繁忙的日常中，許多時候我們會忘記靜下心來、放下手邊的事務，好好吃頓飯。尤其現在很多人已經被手機綁架，除了通勤打發時間，就連在吃飯時間也要邊滑手機邊吃飯，很難去細細品嘗眼前的食物，「味覺」的感知力因此很難被啟發。

當我們想要開啟「有意識」的練習時，要注意到一件事，就是所有的感覺都是「立體的綜合」，也就是不會只由單一的感官接受刺激。

就像當我們在吃東西時，其實是透過「視覺的擺盤」+「嗅覺的氣味」+「味覺的品嘗」形成我們對這道菜餚的感受。因此下回吃飯時，務必要仔細去品嘗眼前的食物，並放下手邊的事情，好好吃飯，同時把你所有的感官做拆解，並有意識地記錄下來。

而吃飯這件事情，就更容易設定目標了。我們可以設定「吃相同主題的餐點」並搭配「不同的店家」，把每一個店家的相同餐點都做一番評論。例如把公司附近早餐店的鮪魚蛋餅都點來吃吃看，當你刻意練習去品嘗眼前的食物時，就會發現真的有很大的差異。

以上這三種生活情境面向，都很容易變成自己的練習素材，慢慢地刻意練習，開啟你的感官，並學習客觀拆解感覺元素，你就會發現多元面向的驚喜。

就連「聲音」這麼抽象的感官，只要用心去聽就會發現，原來我們常常都把感覺和表象的「文字」內容做掛勾，實際上同一句話配上不同的「聲音口氣」，整體的感覺就會大不相同。

開啟了這些觀察力，以及蒐集這些被擴充的感官形容詞，就能讓我們在日常與他人溝通時，可以有更多素材去表達，而不會匱乏於每次描述事情都停留於表象或單一方向，如此逐漸就能成為情感豐富且說話精準的人。

在訓練學員「有意識」的觀察過程時，我都會推薦學員準備一本屬於自己的「表達力筆記本」，這個筆記本不用大，最好是像手掌大小般，好收納、易紀錄，可隨時隨地把你的感覺都記錄下來。在記錄的過程只需謹記一個大原則，就是「感覺沒有對與不對」，而且這個筆記本不需要交回來給我檢查，所以可以很大膽放心地記錄。甚至每一週可撥空把你所記錄下來的感覺形容詞做一個總整理，你將會發現你每一週都過得很精采，也會在這些形容詞當中發現許多相似性與相異性。若相似性太高，可以調整下禮拜的目標，讓自己多嘗試不同領域的事物。隨著每一次的記錄與統整，就能更輕鬆地將觀察力延伸到表達力。

你的每個狀態，都在告訴別人你是誰

當你去便利商店時，會先聽到什麼聲音呢？「叮咚～歡迎光臨～」你聽見這個聲音時，有覺得對方真的在歡迎你嗎？

當你去餐廳用餐時，覺得服務生的整體服務如何？「請問怎麼稱呼？幾位用餐？訂位電話號碼是？」你覺得這個聲音聽起來，餐廳的餐點有讓你感到期待嗎？

當你去診所看病時，覺得護士小姐的態度如何呢？「健保卡。掛號費兩百元。」聽到這樣的說話聲音，有讓你感到醫病的安心嗎？

當我去企業培訓時，我都會詢問大家在生活上的各種情境觀察，往往都能得出許多有趣的答案。在職場上許多人的態度隨著工作年資或工作內容千篇一律，導致缺少了服務熱情，連帶這樣的聲音語調也會影響客戶的感受。

不過，大多數的人對這樣的感受卻是相當無感，尤其在服務業的現場中，許多企業主管都認為「話術」是與客戶溝通的關鍵，所以在訓練團隊或是服務生的養成過程，就僅是請大家把常用話術背下來，但是往往讓客戶會產生不舒服的感覺、甚至會想去客訴的原因，卻多半是「感受」不佳的問題。這是因為，當我們在說一句話的同時，實際上會有兩個聲道在傳遞訊息，一個是我們說話的「**文字內容**」，一個是「**聲音表情**」，也就是說話的口氣。

為什麼同樣的一句「好的，請稍等」，有些人說起來就覺得相當令人放心、有些人說起來就是會感覺要等很久、有些人說起來則是讓人感覺相當敷衍，這就是說話口氣與整體態度的不同所導致。

「當下」的行為，實際上是一連串的環環相扣

Leo是一位電話客服人員，早上因為賴床，導致上班快遲到，來不及吃早餐就到公司上班。這時候的他在整體呼吸上會比較凌亂、脾氣也相對較差，也因為沒吃早餐導致精神無法集中，加上整個狀態都還沒有「清醒」，以至於在上班的整體狀

況就會不佳，說話時的聲音表情，更會令人感到無精打采、沒有活力。

這時 Leo 和客戶在電話中互動時，可能也因為伴隨著駝背的坐姿、手臂撐在桌子上、眼神迷茫、咬字發音時臉頰肌肉鬆垮，客戶從電話另一頭聽見的就會是「平平淡淡的語氣」，甚至有可能會是含糊不清的說話內容；而 Leo 的主管看見他的樣子，也會感覺到 Leo 還沒進入工作該有的狀態。

因此，雖然客戶沒有見到 Leo 本人，卻可以從 Leo 的聲音當中感受到「感覺怪怪的」、「這位客服人員的態度很差」，或是「感受不到客服人員的服務熱忱」，甚至可能因為這樣的聲音狀態，導致客戶對企業品牌的觀感不佳，而不想有後續互動。

別忽略每個細微的接觸點，這是個人品牌形象的延伸

在我輔導企業內訓的聲音表達課程中，我都會詢問團隊所有人「請問我們企業想帶給他人的形象是什麼？」並且請大家在便利貼上寫下至少三個關鍵字，而這三個關

鍵字，是希望讓員工站在創辦人的角度，去思考老闆到底想給客戶們什麼感受。

有趣的是，絕大多數成員不清楚自己所處的企業文化與品牌形象，因此大家所寫的答案就非常不一致。甚至，我請老闆自己公布這三個關鍵字時，有些老闆自己也搞不太清楚自己企業想呈現給別人什麼形象。

討論完品牌形象後，我會再繼續帶著大家寫下「自己在工作時給他人的三個印象」，在這一題，你不必理會他人是否認同你的感覺，只要憑直覺寫出你在工作中常出現的三個樣子。而這一題的檢視關鍵，是要讓大家去觀察「企業形象」與「自己的形象」有沒有交集，倘若落差太大，那麼你一定常常在工作時很不自在；若形象剛好一致，那麼你就會在這家公司如魚得水。

我印象很深刻的是，有一次我到一間政府機構培訓，他們是做接聽民眾電話客服的單位，協助民眾解惑政府政策的相關內容，需要給民眾的形象是「熱忱、有耐心、同理心」。請問大家看見這三個關鍵字，會不會直覺他們都會具備「笑容可掬、親切有禮」、在聲音上帶有「溫和語氣、不疾不徐的說話節奏」這樣的感覺呢？

他們來找我上課培訓的原因，就是因為有些同仁接過被民眾申訴的案例，所以才想要來找我做聲音方面的調整。

而我在做聲音培訓課程時，很重視的一環是「直接把音檔播出來做分析」。這個做法很直接，但也相當有成效，因為能直接看見自己真正的問題，以及看見可能沒有發現過的視角。為了公平起見，在課前我並非知道曾經接過民眾投訴的是哪些同仁，所以在一視同仁之下，進行了剖析聲音的環節。當我們開始把每一位同仁的音檔播放出來討論時，的確覺察到，某些同仁的聲音，給人的感受不僅是不耐煩，甚至還發現與他對話的民眾，都顯得比他有耐心許多。

後來在上課的過程中，我特別留意這些給人感覺比較沒耐心的同仁表現，同時也觀察到，當他們在上課時，比較容易分心、不斷轉筆，做互動練習時比較不願意積極投入參與，實際上這樣的狀態，不難想像他在工作時會接到民眾的投訴。

雖然我後來沒有機會較深層的與這些同仁私下溝通，去了解他們是否因為上班太過疲累，或是對工作沒熱忱了，而導致這樣的狀況。不過令人欣慰的是，他們在培訓課程結束後，有私下來跟我回饋：「原來自己無所謂的心情，會被放大到從聲音就聽出來。」「原來身為一位電話客服，真的不是只有回覆民眾問題而已，還要在電話客服的過程中，讓對方感受到安心。」因此，**千萬別小看自己的每一個念頭、行為舉動，我們的狀態可以由內而外的改變，事實上也可以由外而內的去牽引。**

就拿電話客服來說，我們若想要讓對方感受到我們的「熱忱」，除了要由內而外的帶著這樣的心情，由外而內的狀態，也可以告訴自己「腰桿打直、帶著微笑、身體微微往前傾」，因為這樣的行為狀態，比較符合具有熱忱的積極感。

每個人在不同的場域及面對不同的人時，都會呈現不同的反應，在自己習慣與熟悉的狀態下，表現會相對比較自然；若和自己的性格相差甚大，就會覺得綁手綁腳。在這個單元中就是想藉此跟大家分享，未來無論是我們要面試申請學校、面試找工作，甚至是找我們理想中的伴侶，都要先去認識代表自己的三個關鍵字，以及對方學校或企業的三個關鍵字，看看這兩組關鍵字之間會不會落差太大，或是當自己在調整的過程中，是否感到壓力。如果會讓自己不舒服，千萬別為了一時的忍耐，而勉強自己去接受，因為總有一天一定會因為某些原因而引爆反彈。

我們每個狀態，都代表著我們個人品牌的形象，也代表著別人會怎麼認識我們、怎麼介紹我們，或是在背後怎麼議論我們。如果不想產生誤會，就要適時停下腳步，來檢視自己呈現給他人的樣子，隨時保持修正，就能讓自己慢慢變成理想中的樣子。

「三個關鍵字」的練習

1 在職場上／求學中，最能代表自己的三個關鍵字是什麼呢？

2 你覺得自己的公司／學校，想呈現給大眾什麼樣的形象呢？也請寫出三個關鍵字。

3 你在這兩組關鍵字中，有發現什麼嗎？有沒有什麼相似性或相異性？有沒有需要去調整的地方呢？

現今我們都不可或缺「自媒體」的形象意識

如同在前面「口語表達，只是人際交流的一種方式」中所提到的，大部分的人誤以為在與他人交流時，只需把專注力放在說話內容上，但實際上我們的方方面面都在呈現我們這個人的狀態，尤其當我們只能透過某些「感官刺激」及「部分畫面」與對方互動時，更會放大我們對「非語言訊息」的感受力。

從二〇二〇年的新冠肺炎疫情大爆發，到二〇二一年台灣正式進入三級警戒，除了人們的工作和生活受到衝擊外，影響最大的非「實體課程轉成線上教學」莫屬。學校老師、相關補教業等，都陷入了嚴峻的考驗，如何把實體課程搬到網路上做教學、又能達到學習成效，是所有老師當時最頭疼的一件事情。學校老師儼然變身成「直播主」，慌亂和壓力不輸家長和孩子們。

而「線上教學」整體可分為兩大面向，其一，是老師自身的教學狀態；其二，是學生的學習狀態。

在老師自身的教學狀態中，因為大多數教師完全沒有線上教學的經驗，更別提需要在線上對著班級做經營管理，本來實體課程還可以看見學生的樣子，轉為線上課程後，有些人因為設備的關係，無法每個人都開啟鏡頭讓老師看見，又或者雖然開了鏡頭，但是在畫面中並沒有讓老師感受到他學習態度的積極性，因此在互動上就顯得格外辛苦。

有些老師很用心地在上線上課前，會注意調整直播教學的光線明亮度、背景的布置、甚至不會素顏就直接上場，而是會認真打扮，畢竟在螢幕上的影像，完全會被放大呈現，需要讓視覺上更有吸引力。除此之外，如何說出一場精采的線上課程，也是老師們在這段時間最常來詢問我的問題。

實際上，線下教學與人面對面的談吐，和線上教學用機器傳遞說話內容的方式是完全不同的。線下課程考驗的是真實的互動、體驗感官的操作，以及自由彈性的學習空間，可以讓課程擁有豐富的立體呈現方式；而線上教學模式，更加考驗教師的表達力，是否能吸引聽眾的專注力（畢竟在家中學習，很容易受到干擾及分心），加上無法即時清楚看見每位學生的學習狀況，更仰賴教師的個人魅力、聲音表情豐富度，以及面對鏡頭說話的自在溝通力。

其二，學生的學習狀態也是一樣。我們發現許多學生在上線上課時，如果不開鏡頭，又沒有適當給予老師回應的話，整場課程下來，真的會不自覺地認為有些學生應該沒有在認真上課。我們也有看過許多學生，雖然有開鏡頭，但在鏡頭中呈現的並非完整樣貌，例如只露出半邊臉、只看見下巴，或是天花板，這些「畫面」會讓我們「感覺」他現在的學習態度沒有很好。

不過，這是不是很主觀呢？但不可諱言的是，如果我們連「自己想呈現什麼樣子給他人」都沒有好好想過，或是排除萬難在可以的範圍內，讓他人感受到我們的學習投入，這樣片面的「感官刺激」就會成為被貼上負面標籤的可能原因。

但只有在線上課程或是會議上，我們才需要為自己的「自媒體形象」努力嗎？

我不是業務，也不是網紅，更不是老師，為何要打造個人品牌？

還記得上大學時的第一天，在選修課程的時候，許多人會問學長姐的第一句話是什麼嗎？

是「這位教授人如何呢？嚴格嗎？選他的課好過嗎？每節課都會點名嗎？」還是「這位教授上課風格如何？上課會不會很無聊？能學到東西嗎？只會照著課本念嗎？」

無論你問的是什麼，我想你就是想要了解這位教授給學生的印象，是不是符合你所想要的學習期待，對吧？

當你開始要跨出交友圈的第一步，一開始也會去「觀察」這個人帶給你的感覺，有可能只是選擇上課時要坐在哪個位置，有些人可能會選擇離門口比較近的位置、有些人會選擇不要離教授太近的位置、有些人會選擇和自己比較熟悉的朋友坐在一起，但如果上述三者都沒得選呢？你一定會選擇坐在看起來比較「有親和力」或「沒有攻擊性」的同學旁邊吧？

那麼何謂「沒有攻擊性」呢？對我來說，那些「看起來」很兇、當你問他「請問這邊有人坐嗎」他並不會回應你，有這種冷漠特質的人，坐在他旁邊我會渾身不自在，因此我會想要遠離他。

有趣的是，**大多數的人通常都沒有去想過，原來自己每分每秒都會呈現一種「感覺」給他人，而實際上我們都是透過他人所呈現的這個「感覺」來認識他。**

再加上，現在網路科技實在方便，我們要認識一位新朋友是相當容易的事情，有可能是直接拉個 Line 群組，或是丟個對方的聯繫方式，就能開啟一段合作。不過往往也在這個過程中，我們的「自媒體形象」更會影響到他人想不想要與我們有進一步的碰面機會。

舉例來說，現在每個人的手機通訊軟體一打開，應該至少都會超過十個以上的群組。假設今天有一個人，他只丟了一個連結或是一長串的文章到上百人的群組內，那麼你會細細地看完它嗎？以及，你知道他想表達的重點是什麼嗎？

同樣的，如果這個訊息是只有發給你一個人，你會認真點開來看嗎？你覺得他所關注的地方和你所在意的重點會是一樣的嗎？而你有沒有曾在通訊軟體中被某些人的訊息惹毛，或是不知道該如何回覆呢？

簡單來說，這就是對「自媒體形象」無意識的人會做的事情。依據我教學多年來學員向我求助的困擾，以及我自己身邊的真實經驗案例，可以整理出九種在使用通訊軟體時會令人反感的狀況。

1開頭不先給稱呼或打招呼，直接說想說的內容

除了最親密的家人或是真的很熟的朋友外，像這樣的表達方式，會讓對方覺得沒有禮貌。

2丟了一個連結或文章、影片，但沒說重點是什麼

過了一會兒，甚至有些人還會問：「你的感覺如何？」像這種完全不先給予聚焦性的表達，又想要他人發表評論，就很容易落入彼此的想法很難快速得出共識的狀況，而且如果回答出不是對方想要的答案，又很容易激起一番辯論，相當耗能量。

3 內容沒頭每尾、沒重點，劈頭就用疑問句要你回答問題

例如「在幹嘛？」「明天下午有空嗎？」「這個專案完成了嗎？」像這樣簡單的提問，雖然我們是可以立刻回答的，不過難免會想先知道對方問這句話是不是有什麼原因，或是有什麼緊急的事情是需要我們協助的，因為我們在回答問題時會先衡量一下自身的狀況和時間，再來做回應，整體更會讓人感覺比較得體。延伸的極端版本就是當我們認真回答對方之後，對方就沒回應了。遇到這樣的人，是不是會讓人感覺很自私呢？

4 每次內容都是在抱怨和八卦

如果一次兩次，大部分的人都還可以接受，但若是常態性的，每次點開訊息都是滿滿的負能量，就會令人很反感。當一個人抱怨時，到底是想要獲得他人的「立場認同感」、「希望對方一起罵」、「尋求他人的解決方案」，還是僅只是想要對方給他「摸摸頭的情感支持」？而大部分在抱怨或是八卦的人，會不小心落入於「太

認真在罵對方」而忘記傾聽者的心情，更別提顧及對方聽到之後的感受。接收到這樣負能量的訊息，若自己不懂得消化排解，真的會越聽越煩悶，久了就會想遠離對方。

5沒搞清楚彼此關係，聊天語氣總覺得哪裡怪怪的

在網路世界的「分寸」拿捏很不容易。舉例來說，當我們稱呼對方「你」或「您」的時候，前者會讓人感覺比較像同輩，後者就會令人感覺比較受到尊重。除了稱呼的方式之外，有些時候可能你跟對方只是網友，或是別人介紹的朋友，並沒有真正面對面互動過，卻在文字表達上過於直接或是忘了禮貌，難免在感受上也會令人多想，甚至就降低了想繼續認識這個人的意願。

6只說自己想說的，不在意他人感受

像這種主觀意識太強，只要和別人的想法不同就會想要反駁或是找藉口的表達方式，會令人感覺到很沒耐心及同理心，久了便不太想和這類人說出自己真正的

想法，容易落於表象的噓寒問暖。而這種狀況還有一種極端延伸，就是喜歡在對話群組中分享一些敏感性的議題，例如政治立場、宗教信仰等。在我們毫無把握對方想法是否跟我們一致時，不太建議直接談論這些比較個人的內容，以免對方難以接話，或是說出來的內容不符自己期待時，需要經歷一番耗能討論，可能會影響到彼此的關係。

7 平常根本沒在連絡，需要你時才瘋狂找你

而這樣狀況的延伸版，就是你可能才剛認識對方，結果他就很想推銷你購買產品。還有一種狀況，就是一開始沒說要碰面的目的，只簡單地說「好久不見了，想約你出來喝杯咖啡，更新一下彼此狀況」、「什麼時候方便見面？聊聊看合作的可能性」。倘若彼此太久不見或是根本不熟，說出這樣的句子一定會讓你滿頭問號，因為根本搞不清楚對方的目的是什麼，很容易就浪費了彼此的時間。在溝通對話中如果沒有先建立起彼此的好感度，和創造對方也想認識你的動機，想約對方出來，就會難上加難。

8 訊息中都沒有標點符號，不僅閱讀相當吃力，又容易造成誤解

每次在培訓中間的下課時間，我都會請學員拿起手機「檢視」和他人的訊息對話。在傳送訊息時，雖然只是封訊息，但有沒有留意該有的禮貌？許多人因為懶得打太多字，喜歡用貼圖做回應，或是在打字時，所有的分句、分段，都使用「空白格」來表示，這樣不僅顯得很沒誠意，還有可能讓對方曲解了你的文字情緒。其實「標點符號」是說話口氣的延伸，應該要正確透過標點符號來表達你的想法和心情，而不是讓對方去猜想。

9 文字訊息不是電話聊天，請一次完整表達想要講的內容

這種表達方式，就是「沒想清楚完整的內容是什麼，就很碎片化地傳送了訊息」，明明只要一句話就可以清楚表達，不過因為傳送訊息太過方便，話都還沒說完，就按了「送出」，所以如果要完全理解對方的想法，就需要等他把全部的訊息都發送完，再經過自己的一番拼湊，才能知道他想表達的意思。不僅過程會花上一

些時間，更有可能這樣一來一回中，沒耐性的人又急著插話回應，容易影響彼此的情緒。因此建議，如果真的在文字表達上比較吃力，善用其他的傳送訊息方式，或許更能提升溝通的品質。例如改用語音訊息、直接打電話給對方，透過聲音的溫度交流，或許就能彌補文字上的不足。

除了以上九種常見的不當表達方式外，還有常見的「省話王、對話中搞消失、已讀不回、你很認真回答，結果他句點你」等狀況，**這些看似很無關緊要的表達方式，實則就是一種「自媒體」的溝通印象**。如果連這些「我們能控制」的方式都沒有意識去好好表達，在無形之間就會在對方心中默默被扣分。

在還沒有智慧型手機的時期，若要傳送簡訊，都會超級有意識地想清楚我想表達的是什麼內容。因為一封手機簡訊有七十字的限制，如果超過七十字就會變成兩封簡訊。由於每一封簡訊都會收費，因此養成了「寫完訊息一定會檢查」的習慣，念出來聽聽看通不通順、哪邊邏輯不通、哪邊可以更精簡的表達、哪邊可以換句話說。如果真的需要傳送到兩封簡訊，也會再認真想一下還有什麼要補充的，總之，絕對不能浪費了多一封訊息空間的好機會。

除此之外，在當時大家比較沒那麼仰賴手機，所以不是每個人都會即時回覆簡訊，在這樣的「習慣」下，我們也不會期待對方一定要馬上回覆我們。而現今因為手機使用的方便性，通訊軟體的即時交流大大改變了我們對於傳送訊息、與他人連結的習慣，這影響的不僅是在輸入文字內容時的思考方式會改變，我們連回覆訊息的耐性也會跟著改變。

每個人回覆訊息的習慣模式都不同，有些人有訊息強迫症，看到訊息就想要立刻點開、點開之後也會立刻回覆，無法忍受手機上出現有未讀取訊息的提示；有些人可能久久才會點開訊息一次，點開之後也不會立刻回覆；有些人回覆訊息的習慣是需要想一下怎麼回、有時候可能真的正在忙而無法即時回覆；當然也有些人可能看了訊息之後，覺得沒有回覆的必要，就讓對話安靜結束。

而這樣回覆的模式也不會是固定的，有時候可能我們還會因人而異，做出不同的回覆狀態，也許是跟對方的關係深淺、重要性的優先順序、當下對話過程的感覺等，都會有所影響。**既然我們都有可能受到這些原因而調整回覆方式，那麼我們首**

先要學習的，就是允許對方也有這些可能。

透過用文字傳送訊息，因為看不見對方、讀不到表情、聽不見聲音，這樣單靠文字的表述方式，很容易產生不必要的感覺或想像。曾在工作坊中收到一位學員來訊提問，由於問的問題需要比較長的思考時間，所以我點開訊息之後，沒有即時回覆，就在我下課後在高鐵上想說可以好好來回訊息時，點開他訊息，卻收到他一長串的問號貼圖，覺得我怎麼點開訊息後就沒有回覆了，讓他感覺很不舒服。我能明白對他來說或許很急著想獲得答覆，不過當下我因為在上課，沒辦法好好回覆訊息，點開卻收到這樣的內容，對我來說還真是夠冤枉。而這件事情也讓我學到教訓，以後如果在上課中，若非緊急的訊息，就先不點開；或是點開訊息之後，如果無法即時回覆，就先簡單告知對方「收到，因上課中，晚點回覆唷！」這樣就不會讓對方感受不佳。

放下不必要的想像，擔憂與恐懼有時候都是多慮

通訊軟體的出現，大大影響了我們的溝通習慣，倘若我們都用自己的習慣去對照這個世界，那麼一定會覺得與自己習慣大不相同的人很異類，甚至有些人還因此容易挑起情緒上的波動，被他人的文字表達方式而影響心情。尤其如果你的工作又跟文字客服有關，那麼上述這些狀況一定會更心有戚戚焉。

我們無法要求對方的行為模式，但只要先將自己做好，每次都用心回覆他人，在自己可以控制的範圍內做到最好，同時也放下對於對方回覆訊息狀態的期待，不去過度解讀和揣測他人的可能性，我想這都是我們每個人在開啟「自媒體意識」第一步要建立的健康心態。

1 在上述這九種傳送訊息的方式中，你最受不了哪一類型的人呢？為什麼？

2 檢視一下自己在傳送訊息時的表達方式，如果一到十分，會給自己幾分呢？

3 你有沒有曾經出現過上述九種地雷呢？

4 覺得自己在傳送訊息時，有沒有吃過什麼悶虧，或是造成過誤會呢？從中有學習到什麼嗎？

透過錄影方式，刻意練習表達力

回想起我剛開始當講師的前幾年，沒什麼知名度、案子也相當不穩定，在有一場沒一場的狀態下，就在想該怎麼辦？因緣際會之下，去上了一期的網路行銷課程，當時老師跟我們說「如果沒人給我們舞台，那麼就幫自己搭建一個舞台吧！」而這個舞台，就是要開設自己的 YouTube 頻道。

不過拍攝影片可沒那麼簡單，要有好的攝影機、收音設備、充足的燈光，拍攝完後還要後製剪輯、上字幕動畫等，我根本就不會呀！不過這還不打緊，老師還說：「拍影片不能有一搭沒一搭，為了讓 YouTube 知道你是一位認真的創作者，要給你流量最好的方式，就是每天都要上傳一支影片，那麼，就直接設定目標拍一百支影片吧！」老師講完之後，所有學生都抱怨聲四起，因為比起技術層面的困難，要怎麼擠出一百個內容天天上傳，更是不容易呀！對了，當時候的我，可是滿臉痘痘、皮膚狀況不佳，在無法化妝又超不上鏡的狀態，要我拍影片上傳，簡直是要了我的命。

「不要想太多，反正也沒人會看！」老師聽到後就補充了這句。

聽到這句話的我，反而覺得相當激勵。沒錯，我真的覺得這句話超激勵人心！因為反正只要我不跟任何人說，短時間內，身邊的朋友們也不會知道的。

印象很深刻的是，老師當時還說：「你要搞清楚你做任何事情的目的！」

所以我們拍攝影片的目的是什麼？難道拍攝影片上傳到 YouTube 頻道上，就會有流量？難道拍攝影片上傳到 YouTube 頻道上，就會有粉絲？難道拍攝影片上傳到 YouTube 頻道上，就會有案子進來？

其實拍攝影片有六個重要的核心鍛鍊：

- 學習在鏡頭前說話，把你的專業分享出去。
- 只要你在該領域分享超過一百支影片，你就會是該領域的專家。
- 想要建立自己的個人品牌，網路形象絕對不可少。

- 你的影片「內容」才是決定建立「真實粉絲」的關鍵。
- 「持續、穩定地產出」，是在網路上建立曝光度的核心。
- 想將你的「才華」轉換為帶給他人的「價值」，拍攝影片是最快的方式。

而做任何事情，想都是問題、做才有答案，所以釐清首要拍攝目的後，就開啟了我的 YouTube 頻道拍片之旅。回顧我的影片，沒有化妝、滿臉痘痘、拍攝器材是手機的前置鏡頭，沒有剪接、沒有字幕、沒有特效的一鏡到底。

不過令我最在意的，也是拍攝最讓人頭痛的問題，其實還是回到拍攝內容的核心本質。為了拍片，我開始用心觀察每天發生的生活大小事；開始訓練自己在短時間之內精準表達、開始鍛鍊看鏡頭說話和說故事的能力。

一開始當然很痛苦，不過神奇的是，在這樣每天的訓練下，讓我開始產生源源不絕的靈感，也讓我不畏懼鏡頭，表達更能自在呈現。

目前我的頻道已超過七十幾萬次觀看，雖然比不上厲害的 YouTuber，但這樣的成績是在我完全沒下廣告、很真實很用心地分享內容獲得的成績。基本上我是把

YouTube 當作我的部落格在經營。

也因為拍片，吸引到很多粉絲來報名我的講座課程，收到很多私訊跟我分享因為我的內容而得到力量。

曾經遇到更神奇的是，有一回在路上逛街買衣服要結帳時，店員問我是不是教口語表達的老師，因為她在 YouTube 上面有看過我的影片，而且是她曾經有一度人生迷惘，跑到新加坡散心，看了我的 YouTube 影片後找到了自己。

還有一次我週末去高雄出差，因為是為期兩天的演講，所以租了一間民宿方便休息。就在我 check in 時，櫃檯的服務人員竟然也認出我，說他因為看了我的影片學了很多說話技巧，讓他更知道怎麼跟客人溝通。

當下的我又驚又喜！原來我這樣默默拍影片分享，是能帶給人們啟發的。而原本拍攝影片對我來說，看似是個遙不可及、相當困難的阻礙，但把所有一切事情的本質還原到最初的初心後，想清楚拍攝影片的目的是什麼，就不會躊躇不前了。

而我拍攝影片的目的是什麼？是為了要紅、為了高流量、還是要賺錢？其實做一件事情，每個階段會有不同目標。對我來說，在學習網路行銷結合個人教學品牌上，有三個很重要的核心：

- 鍛鍊自己的表達力和觀察力，把生活當中遇到的事情蒐集起來，將YouTube頻道當作是一個記錄生活的空間，和大家分享「說話人聲」的大小事。
- 將我認為在表達力上基本的觀念知識，直接拍攝成影片讓大家學習，順便也讓有上過我課程的學員，可以去複習我所教過的基礎內容，可說是一舉數得。
- 創造個人品牌的影響力。藉由拍攝影片的分享，可成為一個行動名片，讓想快速認識我的人，在影片中感受我的談吐和風格，而邀請我去企業或單位培訓。

以上這三個核心設定好後，開始著手規劃影片拍攝，就不會壓力那麼大了。而且對我來說，做這些事情收穫最大的還是自己。因為影片的拍攝，大量鍛鍊了自己在鏡頭前的表達力，為了有更好的拍攝內容，也開啟了我全方位的可能性，更在這過程當中，接到了許多有趣的案子、跨越不同的國家，收到了許多粉絲的反饋，而頻道也默默達到破萬訂閱數，這些都是我開始行動之後的意外美好禮物。

如果你也想快速提升自己的表達力和個人品牌影響力，相當推薦你和我一樣，一開始先不要想著又沒有粉絲、影片質感很低、會有各種阻礙等問題，唯有開始了之後，才會知道怎麼調整、怎麼讓自己更好。以下就來和大家分享，當我把影片錄完之後，我會怎麼檢視自己影片的方法。

每當把影片錄完後，我會分為以下三個階段來檢視自己的影片：

1 看畫面、不聽聲音：訓練視覺感受力

在第一階段我們要專注的，就是檢視一下自己在影片中的畫面，表情是否太過僵硬、肢體語言是否過於平淡、眼神有沒有看鏡頭等。認真從畫面中找出不錯的地方，以及可以更好的地方。

2 聽聲音、不看畫面：訓練聽覺感受力

從聲音中我們可以聽出兩個重要訊息：

- **說話內容**：檢視是否有邏輯不通順，或是描述不夠清楚的地方。
- **咬字發音和說話口氣**：在不看嘴型的狀態下，是否聽得清楚在說些什麼，有沒有哪邊含糊不清或是語速太快的問題。注意整體的聲音情緒是否和影片的主題相符合、說話時是否讓觀眾有被重視與在乎的感覺。

3 看畫面＋聽聲音：訓練整體感受力

- 影片的整體給你什麼感覺？
- 這是你想呈現給別人的樣子嗎？
- 有沒有哪邊是可以繼續保持下去的，以及假如再拍一次，有哪邊可以更好？

藉由這樣有意識地拆解不同面向的感官刺激，用文字記錄所有的觀察，就能夠

在每一次的拍攝影片中都有所收穫。一開始一定會對自己的影片相當不滿意，並且找到很多想改善的問題。不過，再怎麼遙遠的目標，終究是要一步步向前行，所以每一次只要告訴自己，只要達到一個目標，就可以上傳影片，等到累積超過一百支影片，相信你在面對鏡頭時的表達力，一定會相當自然且流暢。

請搭配下面紀錄表，把每一次的影片拍攝狀況都記錄下來。可自行設定訓練目標，例如眼睛要看鏡頭、看鏡頭時有親切的微笑、咬字發音清晰等。

表達力訓練紀錄表

次	訓練目標	優點	可以更好的地方
1			
2			
3			

10	9	8	7	6	5	4

六種毀滅溝通
好感度的說話習慣

什麼樣的對話方式會讓你感到很不舒服呢？

☐ 沉默以對不回應，把溝通對話當空氣。
☐ 說話只說關鍵字，無法立刻明白他在說什麼。
☐ 說話時不會和你有眼神接觸，總覺得他沒有很重視你。
☐ 不會主動開口表達自己的想法，都要追問才肯說。
☐ 沉醉在自己的世界中，談論的內容都以他個人為主。
☐ 瘋狂打斷別人說話，都不先聽完再回應。
☐ 習慣先預設立場，並且覺得對方應該要懂。
☐ 總為自己的行為做辯解。
☐ 說話習慣帶刺，喜歡反諷他人。
☐ 總覺得一切理所當然，不懂得感恩。
☐ 打破砂鍋問到底，但根本也不關他的事。
☐ 在沒有理解對方真正需求之前，就喜歡給他人出主意。
☐ 很容易負面思考，說話內容充斥著否定詞。

□ **主觀意識太強，只要想法和他不同就會急於反駁或找藉口。**

□ **喜歡誇大自己的能力，或是太樂觀面對所有事情。**

以上這些對話方式，是否會讓你感到不舒服呢？我們身邊多多少少都出現過這樣的溝通對話與不舒服的感受吧？

一個人說話的方式，同時也反映了他的價值觀、過往的經驗、當下的心情，以及他和你的關係。從一個人面對小事情的態度，也能窺知一二他對待其他事情可能會有的態度。

羅馬不是一天造成的，想在他人心中立刻獲得好形象，或是建立一個好印象，都是相當不容易的事情。這也是許多長輩常和我們說的，把事情做好外，更要先學會懂得如何做人，如果人際關係不好、不懂得口說好話、在逢年過節時也不主動給上祝福，這樣就會讓人感覺只剩下「利益」上的關係，而沒有人與人的「情感」連結與溫度。

綜合上千名學員、各種粉絲的提問，再加上自己身邊的各種真實案例，我整理了以下常見的「毀滅式表達力」，真的只要一旦發生，就很容易誤觸了人際關係的緊張地雷、消磨了溝通的耐性。一起來看看以下真實的故事案例和解決的建議吧！

沉默以對不回應

在到處演講的路途中，計程車是我最常搭乘的交通工具，每次打開計程車的車門，都是一次又一次驚喜開箱的感覺。先不論車子內部的乾淨整潔或是否有異味，最重要的還是計程車司機對客人的服務態度，也就是溝通表達的過程是否順暢。

以同理心來說，相信司機也希望載到一位好客人，所以我會先主動展現我是一位「好」客人該有的禮貌：

- 從遠方看見車子快抵達時，先揮手和點頭，讓司機知道我就是叫車的客人。
- 在打開車門前，先敲敲車門，讓司機知道「我要準備進去了」。
- 上車之後，先開口打招呼說「你好，麻煩你了！」
- 開口告知我要抵達的目的地。

以上這四件事情，對我來說已經像是反射性動作般的自然且習慣，同時，在這些的互動細節中，也可觀察這一位司機的個性，以及是否有我需要注意的地方。司機的個性百百種，雖然只是簡單告知目的地和說明路線怎麼走，卻是相當考驗一個人的人際溝通力。而其中我覺得遇到最令人不舒服和不禮貌的，就是「沉默以對不回應」的溝通方式。

有一回的經驗最令我印象深刻，某次接到淡江大學的演講，是在晚上的時間，當我抵達淡水捷運站後，就過了馬路準備去搭乘計程車。當我招攬了一台車子，並揮手點頭、敲敲門打招呼入座後，卻感受到一股相當詭異又安靜的氛圍。

「先生你好，我要去淡江大學。」我親切地說。

「……」司機完全無回應，直接踩油門就出發了。

「先生你好，學校說可以開進去校園內喔！」我又補充說明。

「……」司機依然完全無回應，只見他冷冷地斜眼看著後照鏡中的我。

「司機先生，請問有聽見嗎？」我有點心急著問。

「嗯。」此時司機終於出聲，用相當低沉且短促的聲音回覆了我。

這個聲音，讓我感到莫名的壓力和緊張，此時也趕緊拿出手機查詢 Google map，確認是否為前往淡江大學的路上。畢竟在晚上、又是彎彎曲曲的山路中，對地理位置不熟悉，莫名的恐懼感便油然而生。抵達校園後我又詢問了司機先生：「請問這樣費用多少呢？」

「一百零五。」又換得一句語氣低沉且簡短的答案。

當我下了車之後，這瞬間成了我搭乘計程車的最恐怖經驗之一。

「沉默以對不回應」的溝通方式榮登我覺得最不尊重人的溝通方式，像這樣沉默以對的溝通，通常都是覺得「我有在聽啊，何必大驚小怪？」可是這樣的「有在聽」只是自己在接收訊息，但對方無法確認，因此就容易發生這樣的溝通口角：「你到底有沒有在聽我說話？」「你可以給點回應嗎？」尤其是發生在親密的家人之間，有時為了閃躲一時不知道該怎麼回覆的問題，就會愣在那邊，但對於心急如焚的人來說，就會把這樣的「沒有回應」誤會成「你故意裝作沒聽見」的尷尬窘境。

除此之外，當我在培訓餐飲服務業時，有不少同仁提過相同的案例，對於在點餐的同時，許多客人也都以「沉默以對不回應」的方式在點餐。例如詢問他要點哪一道餐點，客人頭也不抬、話也不說，直接用手指頭指向餐點，不過尷尬的是，可能也沒有完全指認清楚，所以當店員再次詢問說「請問是要三號餐嗎？」對方也只會以點頭或搖頭的方式做回應。

明明你知道他有在聽，他也就站在你的面前，但就是以「不說話、好似啞巴」的表達方式來回覆，很容易讓對方產生一股無名火，也會使溝通的時間成本拉長、消磨了耐心。

那可以怎麼做：

想建立良好的互動關係，就從最簡單的回應開始

有一回我到台中女中培訓，結束後也是準備要搭乘計程車前往高鐵站，就在快靠近計程車時，我看見司機下車將車子的門把做了擦拭，並打開了後車門、同時也幫我噴了酒精消毒，再請我上車入座。我入座之後司機主動開口，用宏亮的聲音熱情跟我介紹他的名字，親切的服務及表達力，完全在一開始就瞬間大大加分。

就在我和他說聲「謝謝」的同時，他竟然說：「小姐，你是我難得聽見和我說謝謝的，從我剛剛接待你，你就一直感謝我，幾乎所有的客人都認為理所當然，而不會回應我。」我很驚訝我竟然被司機稱讚，因為我只是真誠回應我所感受到的，對他來說卻是如此的難得。**當我們願意口說好話、時時刻刻帶著感恩的眼光看世界，彼此的「好習慣」能帶給對方「好印象」，好運也會回到自己的身上。**

人和人之間的感覺，是一點一滴累積起來的，每當我們開始與他人互動時，就要時刻留意，會不會有造成他人誤會的可能。不過每當我說到這句話時，學員總會回應說：「這樣溝通也太難了吧！要去顧慮的也太多了！」也是，如果真的要很細膩關照到每個狀態，還要去想這樣做會不會得罪他人、要去迎合每個人，根本是不可能的。因此，至少我們先從自己最在乎的人，或是希望留下良好印象的人開始，比平時更用心地去與他們互動，或是去思考我們這樣的溝通回應，會不會讓對方造成不必要的想像。

尤其當人只要陷入某個狀態時，很容易會掉入自己的思考模式，而忘記做表情管理。就像當你認真思考時，可能呈現的表情就會很嚴肅，不過實際上是因為你認真到忘記要微笑；當在跟別人講電話時，你很認真聽對方説話、甚至還邊記錄重點，不過因為忘記用聲音去回應對方，讓電話的另一頭安靜到誤以為你沒有認真在聽他説話，這樣就會造成不必要的誤會和想像。

因此最好的做法是，**無論是當面溝通、電話溝通、文字溝通，都要記得讓對方感受到你的存在及對他的重視**。具體的做法是「**先回應、後回答**」，也就是「先讓對方感受到你有接收到他的訊息，再去回答你自己的答案」，這樣就會相對讓對方覺得有受到重視。

如果是面對面溝通，「先回應」的方式包括點頭、微笑、發出「嗯」的聲音，讓對方知道你有在聽；如果是通電話，在對方表達內容時，要適當給予聲音的回應，像是「嗯～喔～真的耶！」比起安靜不語，適當給些附和的聲音，會讓對方越説越起勁、滔滔不絕地分享。

説話只説關鍵字

如果説「説話是種習慣養成」，那我最怕學員養成「只説關鍵字」的「心電感應」壞習慣！

「完整表述」想法，似乎對很多人來説是一件痛苦的事情，所以這些人都會有「講話沒頭沒尾、只説關鍵字」、説話時喜歡用「代名詞代替主詞」來表達的壞習慣。而往往會這樣表達的人，都以為對方聽得懂自己在説什麼，以及覺得完整表達會需要講很多字、要花很多力氣，然後就越來越省字了。

「老師，我每次問我孩子在學校過得怎麼樣，他總是回答『跟昨天一樣』，隔天再問孩子『那今天呢？』他也説『跟昨天一樣』，我真的不知道他在學校到底是怎麼樣。」

其實，不想把話講完整，有可能是真的很累現在不想説話、可能是不知道該怎麼回答，也有可能根本就不想跟我們説話。

不過，我都會想反問學員：「你喜歡被誤會嗎？」「你喜歡當你懶得開口時，還要再講一遍嗎？」

大部分的回應都是「不想」。

那麼如果你不喜歡將這些事情，一二再、再而三地重述，那就更應該要在一開始就「好好說話，把話說完整」。

把話說完整的完整架構是：有明確的人、事、時、地、物，以及適當的連接詞、具有邏輯的前因後果，最好還要有具體的舉例說明。

例如別人問你「你今天過得好嗎？」你回答「還好」，那麼想像空間就會很大。因為這到底是指好？還是不好？是不是發生了什麼事情？還是有什麼不方便說的事情？

如果你完整回答：「今天出門時天氣很不錯，上班心情也很好！不過因為事情還是非常多、又有接不完的電話，所以情緒上有些被影響，但大致上都還不錯。」這樣的回答，能更具體表述你的心境，也能讓聽話的人抓出話語重點，進而與你做互動回應，不然對方也會變成簡答或句點王，容易使這場溝通對話陷入窘境。

那可以怎麼做：越完整表達越能讓自己節省時間，且減少誤會

每當我到一個地方授課或演講時，第一件事情就是先去借廁所，也從和主辦單位借廁所的過程中，觀察出他們的生活表達習慣。有一次我到了某公家機關的單位上課，抵達後一樣想先去廁所，詢問了其中一位女學員：「請問廁所在哪邊呢？」她在我詢問後，就立刻站起來向外走了出去，我心想說她人真好，要直接帶我去，我就跟在她後面向外走。

走著走著到了一個長廊中央，她突然停了下來，頭轉向了走廊的另一端，並說：「那裡。」我心想：「那裡是哪裡？」不過如果我也用不精準的方式回應，那一定也會得到不精準的答案，因此我就使用了「提問句型」的方式來表達我的疑惑。

「請問廁所是在走廊走到底的左邊嗎？」我客氣地詢問著。

「右邊。」她冷靜回覆我。

「好的，所以請問是直走到底的右邊嗎？」我又接著問。

「是的。」她依然冷靜回覆我。

「謝謝你！那我自己走過去就可以囉！」我笑著趕緊結束這個對話。

這件事讓我印象深刻，因為一開始我還心中雀喜，想說她人真好要直接帶我去，不料最後卻翻轉了我的感受，再加上她對我說話的方式，不只內容簡短，還帶著含糊不清的咬字，讓我想要趕緊結束對話，而不想和她有更多交談。

還有遇過一個我百思不得其解的案例，我們公司曾有一位工讀生，有一回他要跟我們約時間處理一個緊急的行政事務，他在Line群組詢問：「下午兩點到五點如何？」團隊們這個時間是有空的，所以就回答他：「時間可以。」結果他竟然反問：「那人可以嗎？」當看到了這個訊息時，其實我愣了很久，因為我真的不明白什麼是「那人可以嗎？」難道人不可以，還會回答他時間可以嗎？當我們詢問他：「請問這是什麼意思呢？」他則回答：「就是 時間可以 不過你們可以嗎 怕你們有其他事情做」（他的回答內容都沒有使用標點符號，我當下覺得他不僅內容說得很模糊，還相當不禮貌），這也是我頭一次遇過會把「時間」和「人」分開的溝通對話，相當不能理解。實際上如果他想確認「時間」和「人」是否都同時有空的話，最好的詢問方式則是：「那老師們這時間也有空討論嗎？」我想會更加有禮貌，也會讓人感受到貼心。

光是一個約時間的訊息，就這樣來來回回對焦，不僅花了更多時間，也增加溝通成本和耗損溝通耐心。如果我們在每一次說話前，都能完整表達主詞、內容，就不會造成類似問題。若是用文字訊息來溝通的話，更要再送出之前，念一次自己寫的內容是否通順、是否有會讓對方誤會的地方、是否有需要再補充的地方，如果有，就要立刻修正內容再送出。我們溝通的重點，是要把自己的思考邏輯告知對方，而不是花時間來來回回去理解他人所想，畢竟每個人的背景與思考模式都不同，為了讓彼此可以快速理解，把自己的想法「完整表達、一次講到位」，就能降低溝通誤會，提升溝通說服力。

互動時眼神不接觸

有一回我到消防局培訓，一進門在櫃檯前看到三位消防員坐在那邊，完全沒有跟我打招呼，他們似乎習慣了這裡常常會有講師來培訓，我詢問哪邊可以搭乘電梯後，就一個人上樓了。抵達教室後，那天是一場一年一度的大型培訓，有超過五十位消防同仁參加，而大家看見我後，好似假裝沒看見般地略過。

其實這樣的狀況不僅發生在此單位，大多數只要不是自願付費報名的課程，而是被公司或上級規定要進修的培訓，多半同仁的學習狀況無法在一開始就積極投入也是能理解的。因此我遇到這樣的狀況時，都會在一開場就問學員們：「你們覺得什麼樣的狀態叫做有禮貌呢？」而學員就會開始劈哩啪啦地說出很多他們的答案。而無論是什麼樣的對象討論出來的結果，第一名永遠是「要主動和他人打招呼」。接著，我就會再問：「如果你們都覺得『主動和他人打招呼很重要』，而且說話時眼睛要看著對方，那麼剛剛看到我進來有向我打招呼的請舉手！」通常這時候，因為是課程的一開始，所以會主動打招呼的人幾乎為零。

「互動時眼神不接觸」的狀況有很多，這邊想探討的是「明知道有個對象在你面前，卻選擇無視對方」的行為。假若「說話時，眼睛要看對方」是一個禮貌的行為，那就應該要好好放大這樣的溝通禮儀，甚至連講電話時，雖然看不到對方，也要想像對方就在自己面前，這樣聲音才會讓對方聽起來更受到重視。

說到「聲音聽起來會更受到重視」，在我的企業內訓的邀約上，發現企業主共同提出的問題需求，就是在一線服務客戶的客服人員，都有被客訴的經驗。當我深入了解這些不同產業的客服人員後，發現他們都有個共同的困擾——覺得自己在忙碌的過程當中，會很容易忽略掉別人的感受，而不小心去放大自己的感覺。

也就是說，當一個人很忙的時候，像是訂單很多、客人突然一窩蜂湧進來、人手不足時，現場就會呈現出混亂的狀態，在這種狀態下，就很難好好有禮貌地去接待眼前的所有客戶。這樣的忙亂心境、眼神很難去關照到每一位客戶的狀況，直接就會反映在我們的「聲音表情」上。因此「備受重視的聲音」和「被敷衍的聲音」就在一線之隔呈現了。

你的聲音是讓人感覺「備受重視」還是「被敷衍」呢？

大家有沒有觀察過，什麼樣的人講話會讓你覺得「天啊！他真的是有把我放在心上！」你每次跟他講話都覺得備受尊重；相反的，總是有些人你跟他講話時，會令你感到很煩躁、感覺他在敷衍你。例如到了某間餐廳，等了非常久，結果好不容易輪到你了，服務員的態度卻讓你覺得沒有賓至如歸的感覺；又或者你已經身體很不舒服了，但醫師和護理師的說話口氣，平淡到讓你覺得好像他們沒有感同身受的感覺。如果發生以上這些狀況，是不是就會想客訴他們？

我曾詢問我培訓的一家餐飲業者，他們在服務客人時最大的痛點是什麼？答案是「當客人一窩蜂湧入時，就容易手忙腳亂」，因為當下人手不足，可能大家都在送餐、點餐、帶位或清潔桌面，在匆匆忙忙的狀態下到櫃檯叫號等候客人時，就容易出現口氣不佳的聲音表情。

「江小姐、江小姐、江小姐在現場嗎？張小姐、張小姐、張小姐有在現場嗎？」

想像一下這樣的聲音：說話者帶著慌張感、語氣有點怒、整體速度很快，有沒有聽過這樣的聲音？當服務人員找不到客人時，聲音就會一直放大，很有可能又加上了重音強調，整體的言下之意，就會給人一種「你到底在哪裡？為什麼動作不快點？你知道後面還有很多人在等嗎？」的不佳感受。

好不容易將客人帶入餐廳內，客人興奮地看著菜單思考要點什麼餐點來吃，但這位匆忙的服務人員，為了要趕緊將點餐這件事情完成，所以說話內容變得很簡短、眼睛也可能不會好好看著客人，而是專注看著他手上的點菜單，記錄客人所點的餐點。「要吃什麼？幾碗、那你呢？加辣嗎？還有嗎？請稍等。」我想上述這些狀況應該大家多少都有碰過。

不過如果我們今天換個立場，想像自己是那位服務人員，你覺得為什麼他會有這樣的表達方式呢？

可能是當人一多的時候，因為要顧及非常多事情，以至於沒有辦法好好介紹餐點與服務客人；為了想要爭取時間，趕緊完成眼前的事情，好去服務下一組客戶，因此說話的語速就不自覺加快、咬字發音就沒那麼清晰；也為了要趕緊把聽到的餐點內容記錄下來，所以姿態就呈現專心地把聽到的內容寫在菜單上，而忽略了與客人的眼神交流。當記下客人要吃的餐點後的一抬頭，看到的卻是還有很多組客人在外面排隊，所以心情一定會更著急、也更有壓力，形成一點完餐、就要去送餐、送完餐又要到下一桌去點餐，每當一組客人吃完後，也要趕快收拾，然後再邀請下一組進來，就這樣無限循環。試想，換作是你，還會記得要保持親切的眼神和良好的聲音表情嗎？

我想我們都可以在這樣刻意練習之下，去感同身受對方的不容易，並且去包容對方的疏失；我們也可以明白，當工作很忙的時候，一不小心會口氣很差。可是我們也必須知道，**我們很難去要求他人體諒自己，畢竟在每個工作崗位或是互動的接觸點上，我們都是透過這個「第一印象」去評價他人的**。因為如果自己的心情很慌、覺得工作現場很忙，就會使得心情變得很亂，心情一亂思緒就不佳，思緒不佳口氣就變差，口氣一變差，客人就覺得你這什麼態度？

很多事情是一體兩面的，千萬不要覺得別人應該要去體諒我們的難處，往往我們要求別人體諒之前，其實我們也沒有去體諒他人。再回到前面的例子，客人好不容易排隊排到了，結果竟然是被這樣子的對待，那客人當然會口氣變差，甚至會想反嗆服務人員，心想著「我是來享受的，我是來吃美食的，為什麼我要被你這種說話口氣對待？」而且聽到口氣不好的聲音，會不會也覺得連餐點都不好吃了呢？

現在網路的力量無遠弗屆，很多網友會將自己的用餐心得分享在網路上，餐廳的裝潢、餐點的擺飾、飯後的感受，就連在服務的過程中，覺得哪一位店員最令人印象深刻，許多網友會寫得相當仔細，這也變成了搜尋餐廳及影響消費意願的重要指標之一。

因此，當我們在說話之前建議先想想看，**我們講出這句話的時候，到底想要帶給別人什麼樣的感覺**，如果我們都沒有去想過，就會變成一個不健康的表達循環。而說話給人「敷衍的感覺」和「眼神沒有互動接觸」息息相關。

那可以怎麼做：說話時心中要有他人，才會真正做到有禮貌的溝通連結

我們在說話時，「有對象感」的表達方式，能讓對方感受到你有在重視他。那麼什麼是「沒有對象感」的表達呢？我們先把它鎖定在「眼神不接觸」的行為上，再把元素拆解為文字、聲調、肢體展現三類可能會有的表現：

1 文字內容

- 「嗯」
- 「嗯哼」
- 「喔」
- 「嘿」

2 聲音語調

- 短促的節奏
- 低沉的聲音
- 說話尾音往下墜
- 含糊不清的咬字
- 小聲到聽不見的音量
- 聲音沒有期待感

3 肢體展現

- 眼睛沒有看你
- 超級小的嘴型
- 身體微微駝背
- 下巴壓喉嚨

・臉上無笑容

・和你保持一定的距離

以上這些是我所觀察出會讓人感覺「很敷衍」的整體狀態，「眼神不接觸」是其中一個明顯的行為，而這樣的行為通常會伴隨著上述其他幾個樣貌。大家如果有遇到這樣的人，不妨可以觀察看看，並記錄補充在這邊。

當我們知道與他人互動若出現這些行為時，會讓對方感到不舒服，而且這也不是一種能促進溝通的正向表達方式，那麼最好的方式，就是增強「有意識的對象感」的表達法。

所謂的「對象感」就是說話要有明確的溝通對象，因為**我們說話不是說給自己聽，而是說給別人聽**，所以有明確的對象感，才會讓我們有意識地調整說話方式。

「有意識的對象感」需具備的元素有：

・眼睛要看對方：下巴微微抬高、平視角地看著對方。

- 聲音要讓對方聽見：聲音要投射到對方身上，而非只是說出聲音。
- 清楚的咬字發音：嘴巴要張大、認真咬字。
- 如果可以，請先微笑再說話：這能讓聲音聽起來正向愉悅，而非嚴肅低沉。

建議平時可以多照鏡子練習，或是想像有人在自己面前說話，同時也打開耳朵聽聽看不同的聲音狀態與表現，就會快速感受到這些細微差異了。不過最重要的還是要記得回歸到人與人互動的最基本禮貌——眼睛要看著對方說話，而這也是我們最能控制的一個行為了，有做到或沒做到，立刻就會反映在我們的溝通品質上。

沉醉在自己的世界

有沒有遇過那種話匣子一打開就停不下來的人？不斷自顧自地講，給人一種「我不在乎你說了什麼，我就是想說我自己想說的」的感受。而「我」的主觀意識超強者，往往在溝通時造成「雞同鴨講」的現象。

有一回在課堂上輪到Sam和大家分享他在學校的生活趣事，Sam很興奮地和大家說著他在下課和同學打躲避球的故事，講得津津有味，描述著各種閃躲又怎麼接到球的帥氣過程，突然另外一位Lucy同學打斷他說到一半的內容，就開始「補充」了她自己的故事。

「老師我跟你說，我們班有一對情侶是學霸男跟平凡女，他們有一次在廁所前面被大家看到……」開始批哩啪啦講了一大串，可能因為是講八卦的關係，立刻也博得大家的好奇關注，不過有些人聽著聽著卻開始皺起眉頭，覺得為什麼她要突然講這個故事。

此時我請插話的 Lucy 先停一下，問她：「所以 Lucy 妳的重點是什麼呢？」

「呃……就是剛好講到下課，我就突然想分享我下課發現那對情侶的事情。」

「好，那剛剛 Sam 還沒講完，我們先讓他講完好嗎？」

「喔，好。」

Lucy 似乎意識到自己突然插話對 Sam 不太禮貌。於是我請 Sam 先把剛分享到一半的東西分享完，這時候 Sam 突然搖搖頭說：「不用了，就讓她講吧。」帶著落寞的神情，走回到位子上。

有時候話說到一半被打斷，還遇到那種不停自顧自地說自己的內容時，真的就會雙手一攤，心裡產生「不然都給你講就好了」的感覺。

這種「自顧自地說」而聽不見別人想說的，且沒有敏感度去覺察身邊朋友的感受，往往回過神來只會得到他人冷漠或敷衍的回應。

在溝通的過程中激盪出很多想法其實是好事，我常常會鼓勵學員多多分享，想到什麼就說，經過幾堂課的分享訓練，學員確實到了此環節都會很踴躍地想要發言，但有一個先決條件，那就是「說話前一定要先舉手」。

在舉手的過程，我們也給予說話者尊重，先讓別人把話說完，同時也思考我待會兒要分享的內容有沒有在主軸上、我分享的重點又是什麼，先讓資訊在腦袋裡過篩一下，猶如要做蛋糕的麵粉，過了篩才有辦法更細緻、更綿密、口感更好，分享出來的內容才更能引起聽眾的共鳴。

我們時常都有許多創意、想法會突然間在腦子裡冒出來，同時又害怕這樣好的想法會一閃即逝，於是忍不住就會想要先說出來。但是沒有人有義務去接收一個「沒有經過消化整理」的資訊，往往我們的直接，會不小心造成他人的困擾，甚至在這過程中也容易讓大家產生些許摩擦。

不過我想孩子如果有這樣的狀況出現，還比較好設立規範，比較令人尷尬的是，有時遇到很喜歡「老生常談、愛提當年勇」又自顧自地說的長輩，真的令人不知如何是好。

我曾經參加過一個商會，在商會上有一位年紀較長的長輩，幾乎是退休年紀了，不過依然對自己的事業相當有熱情，因此來到商會上希望大家也能多多幫他引薦，讓他可以把智慧、功夫分享給需要的對象。

有趣的是，大家發現這位長輩只要有機會拿到麥克風，或是和他深聊時，他總喜歡提當年的豐功偉業、是如何克服困難達到目標，雖然振奮人心，但後來我們更發現了這位長輩的底層關係需求——期望獲得他人的肯定。

無論跟他聊到什麼議題，這位長輩都有辦法回到他自己當年的故事中；無論詢問他什麼難題，這位長輩也都有辦法再回到自己身上，並用很心靈雞湯的方式下一個金句的結論，要我們自己意會並突破困境。久而久之發現這位長輩的套路都一樣時，大家也就敬而遠之了。

相信有來有往的分享互動，是大家所希望的吧！所以下次忍不住想要分享時，可以先拿紙筆記錄下來，或是打開手機的備忘錄記下腦袋中的瞬間靈感，將腦袋中的點子視覺化，再思考這些內容在此刻的溝通中是否為對方所需要，且怎樣來傳達能最簡明扼要。

若一開始不習慣這樣的整理，或是來不及說出來分享給他人時，其實也沒關係，先重視自己的創意想法，其次再分享給他人，畢竟將這些曇花一現的靈感記錄下來，有可能成為下次分享的素材，而待下次分享時，更是你已經整理好的資訊，不會是片段式的內容，對聽者來說會更好吸收。

除了沉浸在自己的世界自顧自地說之外，還有一種令人相當不舒服的，就是瘋狂打斷他人說話的行為。

在我們生活中可能會不小心打斷別人說話，但最怕的就是沒有意識到這件事。例如有人每次在聊天時，別人還講不到半句就會插嘴打斷，總喜歡把對話的焦點擺在自己身上，或是拿自己的經驗來和他人的故事做比較，這樣急性子的個性，容易讓人不知道怎麼跟這樣的人好好相處。

長大之後，慢慢發現人們會對於別人不禮貌、不舒服的狀態感到反感，不過又會礙於情面而不敢直言，於是心裡會默默為對方貼上標籤，像是「這人很沒禮貌」、「超級插話家」。下次看到對方出現，敬而遠之的心態也就出來了，心裡想著會不會等一下他又很強勢地要打斷我說話，散發出極強烈的自我意識，最後使大家看見這號人物都退避三舍。

這樣的人有時候被討厭自己都不自覺，甚至還覺得「我的積極熱情難道錯了嗎？為什麼大家都感受不到我的用心良苦？難道講話還要在那邊繞來繞去？難到我的直接不好嗎？我也是希望你們少走冤枉路呀！」

可能講話直接的人會說：「我講話比較直，沒有什麼惡意。」事實上，這句話背後給人的感覺是「這個人講話都沒有經過大腦，也不會看一下場合再說話，根本也不是善意。」

那可以怎麼做：

注意自己的表達狀態，不要急著說話而是先傾聽

下次不妨檢視一下自己的表達狀態，是否會無意識地打斷別人說話。如果發現對方說到一半，卻因為自己插話而打斷對方的話，記得提醒自己這句話：「先讓對方說完，我再來補充。」等對方說完後，若還有想要補充，再慢慢說出自己的想法與觀點。相信這樣的溝通過程，會讓對方感受到備受重視及溫暖。

耐心的傾聽，是一種同理心的展現。**好的表達不只有會說而已，當一位好的傾聽者，也會為人際關係加分。**

預設對方應該懂

「我以為他懂！」

「我是她媽媽，我可以幫他決定！」

「這件事情已經執行過很多次，不是已經很有默契了嗎？」

「那是你認為的好嘛！為什麼不先問？」

這種「我以為、你認為」的溝通開頭，絕對是產生誤會和摩擦的開始。

人際交流總有些關係上的迷思，總以「我是他的誰」、「我們已經不是第一次合作了」，認為某些事情應該對方都要懂、也認為一定就是這樣，而造成彼此在互動上的期待值有落差。

當我們落入這種迷思時，往往就容易動怒，甚至變成情緒上的交鋒，而不是專注在事情上。

「我以為」也常常是懊悔時的開頭句型，無論是對於觀念上的不一致而導致錯誤判斷或是過度自信，又或者反映出對這件事情的心不在焉。總之，開啟每一次的溝通對話時，其實只要帶著良善和親切的口吻，你「多問一句話」是不會造成他人壓力的。

有一次我去一家補習班幫他們的全體老師做教育培訓，當下我需要一個白板來抄寫一些筆記，看了看四周發現沒有白板，就詢問是否有人可以幫我拿白板進來。此時，有一位老師就很積極地站起來，直接走出去要幫我拿過來。

不過，當時我心中就出現個小聲音：「希望他不要真的只搬白板過來呀。」不料，他還真的只把白板搬了過來，板溝上完全沒有白板筆和板擦，我苦笑著問他：「請問沒有白板筆，我要怎麼寫白板呢？」

想一想，假若當下的我，能把話說完整，不只講關鍵字，而是詢問「是否可以幫我準備白板、白板筆和板擦呢？」我想，就不會因為一件簡單的事情而耽誤了課程進行。

話說回來，這也反映出大多數的人，缺乏去替一件事情想到更多層面的備案思維，所以我藉此機會，立刻補充了「九宮格思考法」的思考工具給大家。

這個「九宮格思考法」是源自於藏傳佛教的曼陀羅圖譜，現今許多人會把這樣子的思考工具拿來做創意發想或策略規劃的構思。九宮格思考法的教學相關書籍非常多，網路上也很容易查詢到這方面的思考工具，因為相當簡易好上手，所以也是我自己常使用的工具之一。

簡單來說，九宮格思考法有三個步驟：

- 步驟一：畫出一個九宮格。
- 步驟二：將一個關鍵字放在正中心，成為思考的主題。
- 步驟三：將關於這個主題的相關關鍵字，以順時針方向填入剩下的八個格子內。

例如我需要一個白板，那麼我就先把「白板」填入正中間的主題格子中：

	白板	

接著把關於「白板」這個主題的相關關鍵字填入其他格子中：

白板筆	板擦	磁鐵
	白板	能墊高白板的桌子

在思考的過程中，如果無法填滿八個格子，也沒有關係。只不過有時候思考的過程，可能不只需要一層的九宮格，以這個主題來說，「白板」延伸出的「白板筆」就會需要再思考到第二層：

需要幾種顏色	是否都有水	有無補充墨水
	白板筆	用哪種顏色會比較明顯

所以光一個「白板」的思考過程，其實就不僅是單純的白板而已，而是要能成就「老師是否能順利在白板上補充教學」的這件事情。

還有一回，我接到了一個為期四堂的學校課程專案，同樣在課前我請主辦單位幫我準備白板筆，結果要寫的時候發現筆沒墨水，更巧的是，整個板溝上準備的好幾支不同顏色的白板筆，全部都沒水。所以後來我到所有單位演講前，為了保險起見，都會在合作備忘錄上寫出：「請事前確認白板筆的墨水是充足的，並請多準備幾支備用白板筆」。

透過這樣的九宮格訓練，如果熟練之後更能加速思考過程，同時你也會漸漸發現自己能成為更貼心、細心的人。

那可以怎麼做：
默契，是透過用心體貼的觀察而來

通常我去企業內訓前，都會詢問主管們是否有整理一套完整的培訓手冊，而手冊上的內容，應該要不定時更新，把最常會發生的事件、突發狀況、解決方案等都彙整在手冊中。不要去期待所有的新人一入職就能立刻上手，也不要期待年資較久的同事就應該要有熟能生巧的靈活反應力，很多時候的「我以為、你認為」這樣「預設對方應該懂」，並無法提升溝通和做事的品質及效率。最好的方式還是記錄下來，以及在溝通時多關心、多提問，寧願囉嗦一點，也不要造成溝通誤解。

我在教學觀察上發現，人們常犯的錯誤之一，就是習慣先預設對方的立場，也習慣幫對方做決定。如果是小事還好，但我們怎能知道什麼樣的事情對於對方來說是大事還是小事？

「老師，因為我想說這樣會打擾到對方。」

「那如果去詢問對方，又衍生出更多問題怎麼辦？」

很多時候「預設立場、不去多做詢問確認」，是一種害怕面對真相的表現，然而「猜測」本來就有很高的機率出錯，因此結果不如預期也是可想而知的。

許多銷售高手或明星業務員，都有個共同的特質——貼心到很懂他人的需求，能夠從談天中就得知客戶的許多訊息。實際上每一個聊天的環節，都是他們蒐集對方習慣的關鍵，不僅懂得察言觀色、懂得問對問題，更會「順帶一提」地去確認他所觀察到的是否和對方所想的一致。好的表達，也能在多問一句話中，讓對方感受到你有把他放在心上。

因此，在和他人開口交流時，還是要謹記著「**我到底想帶給他人什麼感覺？我此次的溝通目的是什麼？**」只要能夠達到溝通目的，並創造溝通時的良好印象，過程再繁瑣，都是很划算的！

總為行為做辯解

承接上面所說的「在人際溝通的交流過程中，最重要的就是達到溝通目的」，所以為了達到這個目的，彼此都要在對話過程中做努力。在此想跟大家分享的是，其實每個人對於「達到目的」的溝通方式與需求是不一樣的，因此我們也都在每一次和他人溝通的過程中，學習更認識一個人。當然，最後你選擇「看清他」或是「包容他」，還是會回到最源頭——你跟他的關係及溝通目的。

我念高中時的音樂班組長非常嚴格，尤其會在時間管理上特別要求，只要有人上課遲到，絕對會換來嚴厲的處罰。當年的管絃樂團課是在星期二下午的第一、二節，每當要上課前我們的午休都會變得格外短暫，因為組長規定「只能學生等老師、不得讓老師等我們」，所有行程都務必提早十五分鐘來準備，所以我們都得比平常更早結束午休到教室去準備，排好要練團的座位及提早到現場為樂器調音，當老師走進教室時，就能立刻開始演奏。「準時，就是遲到」，無論同學有任何藉口，組長總是會直接回這句話。

雖然一開始相當不習慣，甚至還覺得組長很討人厭，有時候真的不小心遲到一下下，連聽都不聽理由，就直接叫我們站在外面上課，實在是太沒有人情味了！不過也因如此，我養成了早到的習慣，更開始體會早到的好處——能從容不迫地去上個洗手間整理一下儀容，提早抵達後還可以先熟悉一下環境，不會那麼匆忙直接進行活動。這樣的習慣延續到我開始巡迴演講教學，提早抵達現場，能先設定好演講的設備，倘若有任何突發狀況，還能有充足的時間應變，不至於讓這些外在因素影響自己的授課心情。

有一次我到某所高職演講，那一堂課是在晚上六點到八點，習慣提早抵達的我，五點多就到教室準備了。快到六點上課時，發現現場竟然一位同學也沒有，這還真是我第一次遇到的狀況，想說是不是走錯教室，或是記錯時間了？和接洽課程的老師確認後，沒錯啊！我們都沒記錯，不過怎麼就是沒有學生呢？直到六點二十分，學生才陸陸續續出現，我心想：「這也太誇張了，遲到就算了，還全場一起遲到，這樣剩不到兩個小時的分享，得趕緊調整簡報內容了。」

直到快要七點，好不容易才抵達了八成的同學，而主辦單位的老師拿起麥克風開場的第一句話，竟然是跟我道歉，覺得學生這樣的態度不是很好，他覺得非常不好意思。我看了看現場的同學，有些人還拿著晚餐要準備開動、有些人則兩手空空沒帶任何紙筆來，好似他們是要準備看一場電影般的輕鬆，實在令我相當訝異。如果我轉個念，一定會覺得這場演講的費用還真是好賺，反正大家也都蠻無所謂的，等等或許提早下課他們會更開心。但我並不那麼認為，反而替他們感到憂心。

「我記錯時間了啦！」

「啊……就晚餐時間很多人，所以晚餐還沒吃完啊！」

「我不知道今天有課耶，想說要回宿舍了，結果同學才通知我今天有課。」

這些遲到的原因，是我後來下課跟他們閒聊所得到的答案。

在工作這幾年中，我深深感受到建立「好口碑」及「好印象」的不容易。人非聖賢，孰能無過。犯錯也沒關係，但重點是怎麼面對自己的錯誤及彌補錯誤後所帶來的損失。面對事情的態度，更深深影響自己給他人的相處感受。

假若犯了錯，例如上面所提到的案例，無論原因是什麼，遲到就是遲到了，最好的方式就是趕緊進入教室，並就算裝也要「裝」出一個相當認真與期待上課的樣子，以免被對方認為自己不積極、不在意。不過大多數的人在犯錯時的心理狀態，都會想要找個「替死鬼」的原因，來合理化自己的行為。

最常出現的句子就是「因為他×××，所以我才○○○。」「又不是只有我○○，為何只罵我？」「××也是啊！而且他比我更誇張吧？」鮮少人願意在第一時間承認自己的問題，反而找了一堆看似是原因的理由來為自己的行為做辯解。實際上這樣的態度根本不會為自己加分，只會讓對方聽了更火大、更不想原諒你而已。

那可以怎麼做：

誠實面對自己的狀況，勇於為行為負責，才是彌補損失最好的態度

要觀察一個人說話是否有智慧及幽默感，可以去看他在面對錯誤時的回覆方式。依據我的觀察，會有以下幾種方式：

- 直接承認錯誤，但沒有後續彌補。
- 直接彌補錯誤，但在情感上沒有給予道歉的態度。
- 真心給予道歉，並提出彌補方案。
- 給了道歉，並承諾下回不會再犯。
- 對自己自嘲，幽默一下緩解緊張氛圍。
- 不斷道歉，但沒有說要如何改變。
- 給了個簡單理由，就想跳過這一回合。
- 給了一個超級長的理由，不停地解釋。
- 栽贓嫁禍於他人，似乎這件事根本與他無關。
- 自認為是小事，不用太大驚小怪。
- 反駁他人的指責，直接惱羞成怒。
- 雙手一攤，覺得都已經犯錯了，不然想要怎樣。
- 假裝沒這回事，快速轉移話題。
- 明明就做錯了，還理直氣壯覺得都是別人的錯。

做錯事情，最重要的就是要去解決問題，在解決的過程中，可分為「解決問題的本身」還是「解決情緒的延伸」。若心理素質健康且正向，就比較會聚焦在「解決問題的本身」，並且願意承擔自己的錯誤，往「我可以怎麼改善」的方向前進。若心理素質低落且負面，就容易放大別人對此犯錯的情緒，比較會聚焦在「情緒的糾結中」，並為自己的行為做解釋；糟糕一點的，還有可能會延伸成「情緒勒索」，無法明白對方想表達這件事情的原因為何，只想去辯護自己為什麼會有這個行為，認為只要解釋清楚，便會得到他人的原諒。

除了心理素質，也會因為每個人所在意的不同，而溝通的方式也會不同。有些人在意整體感受，有些人在意事情的結果，有些人在意這個過程，有些人在意形式或輩分與熟悉度之間的關係，因此可以理解，就是因為太多可能的因素，以至於我們在和他人溝通時，就會增加無形的溝通成本或心理負擔。不過最好的方式依然是先放下自我的成見，多多學會觀察每個人不同的特質，學習具有彈性的變通方式，讓自己減少情緒的糾結，先以達到「解決問題」為主要方向。畢竟，在你還不清楚對方的人格特質與理解他到底要什麼之前，盡可能不要過度放大自己的想法與感受。有可能原本很簡單的事情，但因自己的「說明」被對方曲解為「辯解」，那就得不償失了。

其實你可以決定溝通對話的結局

如果把人生拆成兩種狀態，可發現有一種是「可控因素」，另一種是「不可控因素」。有趣的是，**我們常常被「不可控因素」給控制，而忘記了其實我們依然能用心「控制」我們能控制的。**

「不可控因素」就是我們自己無法控制的外力部分，例如：

- 別人的行為、眼神、聲調。
- 別人的感覺、想法、觀點。
- 別人會怎麼回應、評論。
- 別人的所有選擇。

「可控因素」就是我們自己可以控制的主動部分，例如：

- 控制自己的聲音狀態、說話內容。
- 決定要呈現怎樣的表情和肢體語言與他人互動。
- 控制自己的想法、感受、選擇。

然而，在這些「可控」與「不可控」的狀態中，我們常常會混為一談，容易因為他人的行為、情緒等因素，而影響了自己的表現。請試著勇敢一點，其實我們是有辦法去決定自己想要的互動結局的！

舉例來說，每個人多多少少都會覺得自己的父母很難溝通吧？而且我們對於自己越親近、越愛的人，通常說話就越直白、越不修邊幅，這樣的說話方式，往往也容易消磨自己的溝通耐性，更容易豎起預設立場的防衛機制，口氣當然也就沒那麼禮貌。

我自己也在和父母溝通的路上，做了一段時間的刻意練習。先講結論，和家人溝通，是無法談論溝通技巧的，就是要用無限的愛與包容來接納他們的不可愛，否則到最後受傷的還是自己，真的不容易，但只要願意好好轉念、願意先改變自己的話，有一天必然能改變父母與我們的互動關係。

我是台中人，不過台中很大，我家剛好就是住在大眾交通工具不方便的地區，要轉好幾班車才能回到家，為了方便起見，最快回家的方式就是搭高鐵到台中站後，請家人開車來接我。但我家人的生活都很充實，除了工作也安排了很多的活動，每當我開口跟媽媽說我要回去台中時，滿心期待是聽見他們的歡迎聲，不過難免會被接下來的轉折語氣所影響心情：「你要這個時間回來喔？我要看一下時間我有沒有空耶！」「啊你怎麼不早講？你這個時間回來太突然了吧！」

我知道媽媽心裡是開心我要回家的，可是這樣的句子讓人聽了有些不舒服。甚至有一回我剛好心情不是很好，就直接回媽媽說：「好啊，不然我不要回去好了，反正回去也沒人陪我。」可想而知，換來的就是一陣更激烈的誤會爭吵，縱然我們知道彼此都沒有這樣的意思。這件事情的紛爭，不僅影響了我週末回家的意願，更導致接到媽媽的電話時都會容易不耐煩。

有天我自己做了一個深刻的反省，我們都知道要好好說話，但做起來卻很難。要去轉換心情、調整情緒、去看見對方可愛的樣子，真的太不容易了。不過如果一直這樣下去也不是辦法，因此我就想，好吧！家人對我的態度我無法控制，我能控制的就只剩下自己的態度，而對家人最好的回應方式不是理直氣壯，那我就撒嬌吧！

「你回來又要我去接喔！」我媽媽說。

「對呀！我最喜歡媽媽來接我，好像我小時候在念書時，車上就只有我跟你，能重返這段溫馨的時光真的好期待喔！」我撒嬌地回答。

剛開始這樣說話時，我自己有些彆扭，而媽媽聽見後，也覺得有些好笑，怎麼我會這樣回應。但接下來就聽到媽媽回說：「好啦！幾點到啦？」聽了就覺得很開心。

轉換自己的想法，就能掌握對話的結局

轉換的思考公式：

原先可能會有的狀況————（負面／擔憂）

↓但我希望的結局是————（正面／如我所願）

↓所以我打算————（正向行動）

就像是：

（原先是）請媽媽來高鐵站接我，媽媽的回應會讓我很不舒服。

↓（但我希望）開心見到家人，而且有人可以來接我。

↓（所以要轉變）跟媽媽撒嬌，將「請求」變成「期待感」。

又像是：

（原先是）要上台發表前，你可會很緊張，很害怕自己忘詞、眼睛都不敢看聽眾。

↓（但你希望）大家可以重視你的發表，採納你的提案建議。

↓（所以要轉變）帶著自信微笑看著聽眾，並且認真發表，讓大家感受到你的真誠。

再舉例：

（原先是）你來到一個新環境，覺得大家都不認識你、可能會格格不入。

↓（但你希望）大家都喜歡你、願意跟你當朋友，而且彼此幫忙。

↓（所以要轉變）主動去展現熱情和大家打招呼，跟他們自我介紹，邀請他們跟你一起吃飯。

當我們把焦點放在自己的「可控狀態」，並且正向主動出擊，就很有機會實現你想要的結局。當然，一開始這麼做一定會覺得怪怪的、很不像自己的作風，不過仔細想想，如果什麼都不去做，結局不是早就很清楚了嗎？而且那樣的結局，並非我們所樂見的版本。因此最好的做法，就是勇敢一回，主動從自己先改變、先調整自己可以調整的部分，只要願意開始，就有機會讓結局有所不同。

暢銷書《原子習慣》這本書有個很重要的核心觀念，就是強調我們不要只是一直專注在自己的「目標」，而是要專注在我們的「過程」，只要在過程中一點一滴養成良好的習慣，終究有一天會達到自己想要的結果，只不過是早晚問題而已。

想要好好提升表達力其實不難，難的在如何刻意養成好習慣，以及持續維持這個好習慣。雖然看似簡單且老生常談的道理，但我們依然容易踩到毀滅自己溝通好感度的地雷，總是在忍不住爆發後又懊悔怎麼會這樣。

不知道當你看完這些毀滅溝通好感度的說話習慣時，有沒有聯想到什麼自身故事，或者觸發了其他的感受及想法呢？

下個章節將要來和大家分享「提升好人緣的七大溝通技巧」，會把這樣的觀察整理下來，就是要提醒大家我們不能只有「知道」，更期許我們都能一起「做到」，而且在對的過程中，不斷養成好習慣，透過彼此互相勉勵，就能用好好說話的習慣影響更多人。

提升好人緣的
七大溝通技巧

請勾選你在與他人說話時會具備的特質，亦可於空白處自行補充。

- □ 總是笑臉迎人。
- □ 聲音充滿活力。
- □ 說話邏輯清晰。
- □ 樂於和他人分享。
- □ 說話咬字發音清楚。
- □ 會主動和他人打招呼。
- □ 走路會抬頭挺胸不駝背。
- □ 記得他人名字與臉孔。
- □ 說話時眼睛會看著對方。
- □ 外表乾淨整潔、服裝儀容得體。
- □ 不會隨意打斷他人說話。
- □ 會主動詢問對方是否有需要幫忙的地方。

□ □ □

1 針對以上你勾選的特質當中，你心目中重要的前三名為何？

2 你覺得別人能從哪些細節，看出你具備上述這三項特質呢？

・第一項是　　　　　　　　，因為

・第二項是　　　　　　　　，因為

・第三項是　　　　　　　　，因為

3 在溝通表達力上，一到十分你會給自己幾分呢？為什麼？

二〇一七年教育部在高中升大學上做了一個新的升學方式調整，就是要加考「面試」，於是我開始接到雪片般飛來的邀請，請我講授如何在面試溝通上自信表達。在每一次上課前，為了更精準合乎學生的學習期待，我會讓他們先填寫「表達力自我評量表」，因此蒐集到許多資料，相當值得拿來做研究和大家分享。

前面給大家做的勾選題，也是我在面試表達力課程中會給學生做的題目。在這個題目中最有趣的地方，是當學生公布「自己」的前三名之後，我還會請他們統計「小組內」的前三名，最後各組再回報給我，統計出「全班」最在意的前三名。

之所以有趣，是因為會發現，在不同的班級、地區、性別、年紀上，所在意的前三名會完全不同。我每次都笑笑地說：「你們這個班在意的第一名是總是笑臉迎人，所以如果外面的人跟你們班說話前沒有微笑，一定會覺得他態度很差，不想聽他說話。」「而你們最不在意的是外表乾淨整潔、服裝儀容得體，所以你們不是外貌協會，衣服怎麼穿應該都可以。」由於這些答案，就是限定此班級的「集體共識」，便能很清楚地讓學生知道，答案沒有對與錯，就只是彼此剛好適不適合。

因為你所擁有的，也是你在意的；你所在意的，也會是你所擁有的。

「Like」這個英文單字，就是在詮釋這件事情。「Like」常見的翻譯包括喜歡和像，因為你跟我很像，所以我很喜歡你；我很喜歡你，因為你跟我好像。人只要遇見頻率和自己相同、興趣相投的人，彼此的好感度就會大增；相反，則會覺得對方很不禮貌、不是同一掛的人，因此敬而遠之。

話說回來，「面試」這件事情，其實就是在找尋會讓自己「Like」的人，只要彼此都「Like」，相信就會互動良好、做事能提升效率。而我所列出來的這些特質，除了整合了上千筆學員的回饋，更是我在面試團隊時所在意的人格特質。

清楚自己有什麼、要什麼、為什麼，就會對於每一次的選擇更加堅定，不會被他人左右。許多細節都藏於無形之間，就以我要面試一位行政人員為例，我會先清楚列出來，我需要這個角色的「工作能力」和「人格特質」分別是什麼，然而這之間最難的，就是該如何在短時間之內看出對方是否有符合我的期待。

我希望來到我們公司的行政人員，具有貼心、熱心助人的人格特質，畢竟教育產業常要處理學員和家長的問題，若不喜歡為人服務，就不太適合這個產業。可是最難的，就是你若直接問對方「你熱心助人嗎？」對方是來面試的，一定會說「是，我熱心助人」，所以我都會去觀察溝通以外的非語言訊息，來了解這個人是否符合我們的需求。

有一回剛好公司開職缺，有兩位在試用期中，最後只有一位會成為正式錄取者。其實挑選夥伴就跟挑選伴侶一樣，都可以從一頓飯或一趟旅行中，看出對方的生活習性。在工作上無法和他們旅遊，但可以從吃飯過程中做觀察。

那天中午我訂了便當請大家吃，當吃完飯後剛好我手上有個重要的訊息要回覆，其中一位夥伴主動開口對我說：「老師你吃完了嗎？我幫你拿去丟掉。」除此之外，他也親切主動地和其他同仁一起清理環境；而另一位夥伴，則是沉浸在自己的小世界中，沒有太多和大家的互動。後來當大家都吃完飯要回去工作時，我也發現剛剛主動詢問我的夥伴，有把桌椅收好靠上，而另外一位則沒有。透過這些細節，我就錄取了前者的夥伴，成為我們的正式同仁。

魔鬼藏在細節裡，**一個人給人的印象與感受，有可能在不經意的時候就讓自己被扣分了。**

八〇％的人在沒遇到問題前，都會覺得學習是多餘的；二〇％的人在遇到問題前，早已做好萬全的準備。表達力無法用二〇%的時間衝刺，因為那早已注定為八〇%所習慣的表現。

好好練習表達力，不要因為現在好像不需要，就不練習、不在意，否則等到需要時一定會來不及。

在接下來的單元中，將和大家分享在溝通表達的教學上很重要的基本功，分為七大單元，裡面都會有明確的步驟及鍛鍊方法，希望對你會有幫助。

建立溝通的正向心態

你總覺得和某些人在溝通對話時會很耗能量嗎？你總覺得想到要和某些人說話時就感到心煩嗎？

我常用演奏一場音樂會來比喻溝通的過程，你永遠不知道底下的聽眾聽到你的演出，會有什麼樣的心情與感受，所以如果在演出之前，你就開始擔心東、擔心西，並且無限放大想像中的恐懼，例如覺得底下的聽眾有很多演奏高手、害怕聽眾覺得自己演奏得很爛、如果他們不喜歡我的詮釋風格那怎麼辦，這些尚未發生的「預設立場」並不會幫助自己演出順利，反而會因帶著無限恐懼而在演出時影響自己的表現。

同樣的道理，很多人在與他人溝通之前，就已經預設立場，「覺得對方會對我有敵意、有防備心、他一定會取笑我的內容、覺得一定還有不夠好的地方……」，我能理解這樣的心情其實是一種在乎的表現，不過這樣專注於負面的感受，並無助於讓我們加分，也無助於讓我們好好溝通。

換個角度想，先不論結果如何，只要你在每一次的準備過程中，都是盡全力準備，並帶著「期待、喜悅」的分享心情，其實對方都會被你的熱情所感動。想想看小朋友，尤其是幼兒園時期的孩子，他們在創作畫作、組樂高積木時，就是很開心地把腦袋中想像的作品給創作出來，並且驕傲地帶著作品和大人分享，甚至還可以說出他的創作理念及一則小故事。雖然我們可能很難理解這個作品，但透過孩子的分享，在過程中也會被他們的熱情給感染，以及被自信喜悅的聲音表情所融化，而且我們一定也都會給孩子正向的鼓勵。

但孩子長大後，在教育過程中開始會被「打分數」，在好還要更好的要求之下，很多人已忘了創作的喜悅及分享的感動，因為我們更在意的是，會不會被批評指教。但實際上這又要探討到另一個層面——為何大多數人都只看見他人的缺點，而不會先給予努力付出的過程肯定？這也是為什麼許多人在溝通的過程中，會令人感到不舒服、只會批評他人，這些「回饋」容易成為吵架的導火線。

「說話帶刺、酸言酸語、目中無人、自以為是、愛唱高調、自我膨脹、小題大作、永不認錯」，我想每個人多多少少會在生活中遇到這些討人厭的人，每次聽到這些人說話時，都覺得有一把刀往自己心裡刺，好像所有的努力付出都是應該、只有他最厲害，自然而然在這些人面前，就喪失了前進的動力和投入的熱情。

小時候「念書」是生命中的全部，對於老師的話都會相當在意，遇到那些令人不舒服的老師，總在心裡想著「長大絕對不要成為這樣討人厭的人」。後來發現，有些人會有這樣的負面回應，是自我膨脹且沒自信的表現，而我終於明白，其實許多大人，他們只是年紀比較長，但其實心智並沒有真正成熟。

當明白了這個道理時，我們就會比較勇敢、也比較願意敞開心房和他人分享自己的想法。不過，相信每個人都有脆弱的一面，同時也都會有可愛的一面，只要我們拿出自己的真心，在溝通前有意識地調整自己的狀態，讓自己在每一次的溝通都帶著正向積極的心態，不因他人的表現態度或自己的想像，亂了溝通對話過程，勇於把專注力放在自己身上，肯定自己、相信自己值得擁有美好的一切，無論對方給出什麼樣的回應，**我們無法去控制他人怎麼想我們，但我們能創造溝通時的對話氛圍。**想讓事情往正向去發展，總是需要有一方先做努力，那麼，就由我們自己先開始，相信最終能將自己美好的印象留在他人心中。

透過與人聊天，就能感受對方的人格特質

「聊天」看似是一件輕鬆的事情，不過越輕鬆簡單的事，越能看出一個人的細節。往往許多人都忽略了這些細節，在與他人對話的過程中，沒有建立好健康心態，不是扭曲了他人的意思、就是讓自己被誤會，這些都很得不償失。

「健康心態」是一種「平等的關係」，不論對方的年紀比我們小或比我們大，彼此互相尊重，就是一種好的平等關係。如果沒有建立好這個心態，在這樣的心理「暗示」之下開口說話，就會覺得自己比對方矮一截，或是擺出一副高傲的樣子，肢體動作、聲音表情和使用的文字，都會讓人感到不舒服。

而最好的「健康心態」還有一個很重要的設定，就是「**自在、無所求**」。許多人在溝通前都會想清楚溝通的目的，想清楚是重要的，不過如果「過於想要獲得某個結果，或是太過所求與預設立場」，則容易讓對方感受到來自你的壓力，而不是你真正想要關心對方的心。只要你在溝通互動前做好事先準備，並在溝通互動的過

程展現你的真心，其他的結果就交給上天吧！當我們都盡了最大的努力，事情若還是不如意，也無遺憾了。

接下來跟大家玩個小遊戲，當你想採訪一位名人時，你傳了訊息給對方，但發現他已讀不回，你會覺得如何？

1 覺得對方大咖就自以為是。
2 覺得對方可能在忙而忽略了。
3 沒關係，找機會繼續詢問看看。
4 算了，再找下一位。
5 無所謂，不回是正常的。

其實你的選擇反映了自己內心的感受。

1 如果你選「覺得對方大咖就自以為是」

你明明就知道對方有讀訊息卻沒收到回覆，是不是覺得對方很不禮貌呢？這就是典型的「由愛生恨」心態，誇張一點就是「得不到你，就毀掉你」，原本對對方的好感度急轉直下，因為對方沒有回應就想要給他報應。而這也是所有心態裡最不健康的。

2 如果你選「覺得對方可能在忙，忽略了」

這是會為「對方多想一點」的貼心表現。可以將心比心，有可能自己曾經也有過這樣疏忽的經驗，而且對方這麼有名，很有可能是漏掉訊息了，相信等等就會回應了。不過相對來說，需留意「要有備案」，如果僅是痴痴地等，忘了設下等待的停損點，則有可能會導致報導開天窗或來不及應變的窘境。

3如果你選「沒關係，找機會繼續詢問看看」

這是「健康、正向積極」的心態。相較於上面第二種，這是會更主動地找時間再追蹤，或是嘗試不同管道與對方聯繫，總之不會只有被動地等待，而是抱持「沒關係，他只是剛好還沒回，不過一定有機會」的想法。

4如果你選「算了，再找下一位」

這種心態呈現「當機立斷」的無希望感，不過正向來說也是一種積極的表現。條條道路通羅馬，如果我們要採訪一個人，一定是因為對方的特質很適合我們的報導，倘若想採訪的對象無法被訪，那麼只要找到具有相同特質的人，應該也能完成此次的報導。因此適當的果斷力，也是一種互動時的必備能力。

5如果你選「無所謂，不回是正常的」

這種心態某種程度是一種「豁達」的表現，不會去爭、不會去吵，覺得對方那麼忙、沒有義務一定要回應我們，整體來說與世無爭。但要注意，會不會與他人的溝通態度不夠嚴謹，而製造了別人可能會誤會自己的機會。

以上這個小測驗，是我觀察周遭朋友與他人互動時的常見反應，分為這五種可能，不知道大家覺得自己是哪一種呢？無論在什麼樣的溝通場景，總之「建立溝通的正向心態」，有助於讓自己的生命獲得正能量。

提升好人緣的祕密

- 相信每個人都是良善的。
- 沒有人有義務一定要對我們如何。
- 健康的心態才能讓自己更加自在。

帶來好人緣的聊天開場白

「在家靠父母，出外靠朋友」，我從小就在我父母身上看見了這句話的力量。

我父母人緣極好，尤其是我爸爸，因為幽默風趣、樂於分享、相當好客，更喜歡親自下廚煮好料請大家吃，這樣讓老中青所有年齡層都很喜歡他。而我爸爸還有一個超強的表達力，是到現在我都學不來的，就是他很會講「台灣的四句聯」（台語），無論是講電話、鄰居們互相拜訪或是去親戚家，沒有一個不被我爸爸逗樂的。

我的個性受到爸爸的影響很深，喜歡用幽默有趣的方式和朋友們談天，總覺得人生已經夠辛苦，能有趣就絕對不要太無聊。我自認自己的人緣也不錯，大學參加許多社團，畢業後也參與很多商務聚會、學習進修的社群，認識了許多朋友。同時我也觀察到，那些人際關係很好的人，其實不全然都特別會聊天，或一定是外向的人，而是他們很懂怎麼說話，很注重每個談天的細節，總是會讓人感到很舒服、很想和他合作或當朋友。

相反的，我也觀察到，在團體中總是有些人際關係不太好的人，他們的行為很容易令人引起誤會，甚至和他們説話時會莫名變得沒有耐心，在聚會或合作中，也比較不會感受到他們的存在。為什麼會有這樣的差別呢？

有一年我接到一個交友軟體的培訓案，請我幫他們的用戶設計三堂課程，提升聊天技巧。我們來試想一個情境，如果有機會使用交友軟體和陌生人聊天，你會怎麼開場白？

為了更精準知道用戶的痛點，當時我還第一次下載了交友軟體，大量和不同異性聊天，無論是語音的方式、文字的方式，目的就是要蒐集更多用戶的表達狀況，這些資料也很值得出一本書來和大家分享我的觀察。不過先講結論，當時認真使用了一個月後的心得就是，難怪這些人會單身⋯⋯。

「嗨，你在幹嘛？」

這是大多數人在開頭的第一句話，若你回答他「沒幹嘛啊？」往往接下來就會瞬間冷場。

要知道，只要一旦尷尬超過三秒，就準備Game Over了。

除了線上虛擬的交友軟體，還有線下實體的交友觀察。

「我是在賣淨水器的，喝好水很重要，你們家有幾個水龍頭？什麼時候可以約去你家拜訪，做個水的實驗給你看？」

在一個商務場合上，大家才剛換名片，都還不知道誰是誰，也沒建立好信任關係，就立刻切入重點想做生意。這樣的直球邀請法，就如同在交友軟體上直接問女孩「今晚有空嗎？要不要約吃飯？」令人感到相當白目。

你是誰？為什麼我要跟你當朋友？為什麼要一起吃飯？為何我要去看你做實驗？你知道我是誰嗎？都不會想先認識我嗎？不覺得這樣的邀請很奇怪嗎？

每次遇到沒有人際交流敏感度的人，都會替他們捏一把冷汗，有種又想幫助他們、但又想遠離他們的尷尬感。

絕對NG的四大聊天開場白

1說話沒頭沒尾

「沒有自我介紹」是在溝通互動中的大忌！天外飛來一筆的談話，嚴格來說，只適合用在親密的家人身上，因為他們已了解你的個性，但如果是不認識或不熟的狀況下，別人聽到你沒頭沒尾的內容，怎麼會用好的態度來回應你呢？

2說話沒打招呼

「打招呼」看似無意義，卻是快速連結溝通對談的重要潤滑劑。就像是街邊鄰居看見你，會跟你說「早安！」「吃飽沒？」「最近好嗎？」重點不是要你回應內容，而是要跟你「打招呼」。有了好的開場，能建立彼此的良好關係，就算沒有下一句，你也會覺得對方是個有禮貌的人。

3內容沒明確目的

有時候閒聊也容易造成他人困擾。那些過於私密、探人隱私的話題，若沒有個鋪陳或來龍去脈，就會讓人覺得「你問這個幹嘛？關你什麼事？」或是沒有目的性的疑問句，也很難讓人接話，例如「在幹嘛？」「你等一下要做什麼？」「等等有空嗎？」雖然我們也能輕易回答這些問題，但不免在回應時，心中會想「你要做什麼？會不會花我很多時間？如果內容我沒興趣，該怎麼拒絕？」為了避免讓彼此陷入尷尬的狀態，說話時一定要記得有來龍去脈。

4 直接切入正題

如同說話沒打招呼，直接切入正題一樣會讓人感覺莫名其妙。直接切入正題沒有暖場的聊天方式，也很難建立彼此的信任感和好感度，這也是為什麼許多做業務的人都知道，一個懂聊天的人，業績一定相對比較好；不懂聊天的人，會讓人覺得你很勢利、只有需要我時才會想到我。

看完這四種常見的NG開場白，你一定會好奇，那該怎麼開場才會是比較好的方式呢？其實對每個人來說，「聊天的目的」本來就不同，所以也不能去定義如何才是對與錯。總之，千萬不要「想引起對方的注意」，結果卻變成對方「建立起防衛心想要逃跑」。所以在聊天的過程有個重要的關鍵，就是要了解「**我們都是在每次的聊天過程中建立起彼此的印象**」，那麼這個「印象」當然是要留下好的印象囉！

坦白說「如何好好開場」真的是很多人的罩門，尤其如果你是內向或不善於社交的人，一定會有「很想直接切入重點、講完就結束這回合」的心情，有時候不是你懶得社交或抗拒社交，而是在一開始真的太不知所措了。接下來要分享的三個方法，絕對是內向或外向的人都適合使用的方法。

三個打破尷尬的聊天開場技巧

以下這三個方法，是讓自己能在第一眼見到對方時，就主動和他開場的破冰句型：

1 感謝對方

・感謝他百忙之中抽空和你見面。

- 感謝他特地過來一趟。
- 感謝他親自蒞臨。
- 感謝他對此次的主題有興趣。
- 感謝他總是那麼照顧你。
- 感謝他一直關心著你。

2 關心對方

- 關心他剛剛來的路上塞車嗎？
- 關心他剛剛來的路線好找嗎？
- 關心一下近況（可從對方的職業、身分背景切入）。
- 關心最近的天氣變化大，有沒有帶雨傘（可依天氣狀況做調整）。
- 關心他的家人、孩子、夥伴、身邊親近的人（假若你們都認識的話）。

3 讚美對方

- 讚美他今日的打扮（穿著、飾品、髮型）。
- 讚美他今日的氣色（看起來如何）。
- 讚美他對於此次碰面的規劃。
- 讚美這次碰面的場地（如果有特別約某個地點）。
- 和他分享從第三者聽見對他的讚美（例如聽〇〇老闆說，你上次因為××而幫了他一個大忙，你真是厲害）。

人都是喜歡被關注、被稱讚的，但是又不能刻意諂媚，最好的拿捏，就是透過事前的準備，和真實碰面後的瞬間用心觀察。以上面的三個技巧之一當作開場白，相信就能立刻讓對方卸下心防，而且覺得你有把他放在心上。

接著，除了開場之外，就是提升你在聊天過程中的好感度。在之前的章節有提過，想要讓溝通順利，其實雙方都得努力，尤其是要掌控好我們能掌控的部分。以下整理出三面向的實用技巧，都是我們可以努力提醒自己先做到的地方。

提升好感度的三面向溝通技巧

1 肢體語言

- 親切的笑容。
- 適當的點頭（讓對方覺得你有認真在聽）。
- 身體微微往前的積極感（讓對方感受到你的興趣與好奇）。
- 最好手要讓對方看見，不要放在桌子下（手若放在大腿上，就容易使身體駝背，整體沒精神）。
- 不要雙手抱胸或是將背貼在椅背上，那都會讓人感到距離感。
- 如果可以的話，模仿對方的肢體動作（例如手勢）。

2 聲音表情

- 咬字發音清楚，不要讓對方聽不懂或誤會。

- 在對方分享的過程，適當加上「嗯～喔～」的回應聲（讓對方知道你有在聽）。
- 如果可以的話，模仿對方的聲音語調（包含講話的速度、聲調）。

3 說話內容

- 多使用正向詞彙，尤其是感謝。
- 適當稱讚對方。
- 重述對方的內容（例如他說：「我去參加了全馬馬拉松。」你可以重述：「哇！你去參加了全馬馬拉松，太厲害了！」當你重述對方的內容，對方會覺得你很認真在聽他說話）。
- 開放性的提問，表達出你的好奇心（例如「你上次參與了那堂課程，有什麼值得分享的地方嗎？」「你會做這個選擇，是因為背後有什麼原因或是想法嗎？」

提升好人緣的祕密

- 開場白是給他人的第一印象，因此調整自己的最佳狀態，並主動開口，就能讓對方對你產生好感度。
- 試試看，下回要和朋友碰面時，先預備好三句你已經熟練的開場白，當你跟他碰面後，就主動先開口，相信能開啟一段美好的談天時光。

完整表達你的想法

是否常常覺得說話時，很難清楚表達自己想說的重點？或是花了很多時間解釋，結果反而卻越說越模糊？

說話東一塊、西一塊，各種解釋和回溯補充，講了很多但還是講不到重點，如果你有這些問題，可以在這單元找到解方。

- 有家長曾經跟我說：「老師，我每次問我孩子在學校過得怎麼樣，他總是回答『跟昨天一樣』，隔天再問孩子『那今天呢？』他也說『跟昨天一樣』，我真的不知道他在學校到底是怎麼樣。」

↓像這樣的表達，就是「有說等於沒有說」

- 我請學員推薦一下自己的家鄉美食，最常得到的答案是：「就學校門口左邊那家炸雞排。」

↓像這樣的表達，就是「完全沒有說服力」

・我到餐廳去用餐，請服務人員推薦他們最受歡迎的料理：「推薦這一道菜，因為很多人點。」

↓像這樣的表達，就是「好像很厲害，但卻沒有說原因」

以上這些對話，都有說些什麼，不過聽完之後，知其然而不知其所以然。因此在接下來的內容，提供一個簡單的說話架構，來打通大家表達的任督二脈，也就是「漢堡架構法」。

漢堡架構法可以運用的層面很廣，大到演講簡報、小到日常聊天分享都相當好用。

一個合格的漢堡，至少要有四個素材「麵包＋肉＋菜＋麵包」，而這四個素材對應在說話架構上，剛好完美吻合。

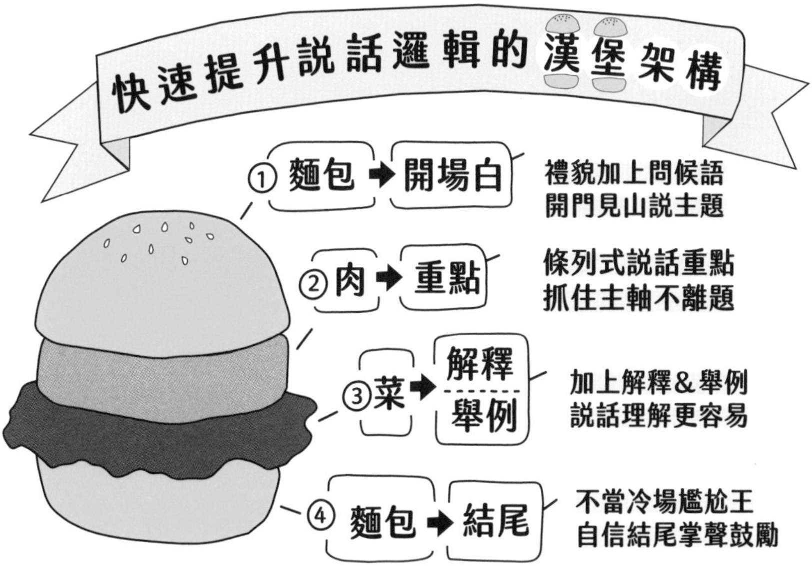
快速提升說話邏輯的漢堡架構
① 麵包 ➡ 開場白
禮貌加上問候語
開門見山說主題
② 肉 ➡ 重點
條列式說話重點
抓住主軸不離題
③ 菜 ➡ 解釋 舉例
加上解釋&舉例
說話理解更容易
④ 麵包 ➡ 結尾
不當冷場尷尬王
自信結尾掌聲鼓勵

【麵包】開場白

漢堡的最上層麵包，對應到說話架構上，就是所謂的說話「開場白」。開場白分成兩種：

1問候語

這是和大家打招呼，吸引大家的專注力、讓大家知道「我要開始囉！」的重要預告。推薦問候萬用句：「大家好，我是〇〇！」既簡潔有力又自信大方。

2主題

可分為「直述句開場法」與「疑問句開場法」：

- **直述句開場法**：破冰下重點，一聽就理解。

例如：學習若只有聽講而沒有演練，就無法化為自身的能力。因此今日的課程我們會有許多大量的分組演練。

• **疑問句開場法：**引起好奇心，聽眾有共鳴。

例如：大家認不認同，我們說話的方式會影響到我們的人際關係？那大家有沒有留意過自己的說話方式，給別人什麼樣的感覺？

無論使用哪個開場法，最重要的是**帶給聽者想繼續聽的期待感**。如此一來，就可以讓人對此次要說的主題更聚焦了。

【肉】重點

無論是肉、海鮮、素食餐等，它是漢堡的靈魂。對應到說話架構中，就是整件事情的「重點」。

以漢堡來舉例，如果是牛肉，就會是牛肉堡；如果是豬肉，就會是豬肉堡。套用到說話架構上，如果重點是「自我介紹」，那就會是自我介紹堡；如果重點是「推薦遊戲」，那就會是推薦遊戲堡。

不過，一個漢堡可能有很多層肉，但一般三層已經非常多了。我們很難一口把三層牛肉堡咬下去，咬太大口會相當難吞嚥與吸收。因此，我們每一次的說話主題，**盡可能把重點濃縮成兩到三個，並且用條列式的方式把重點說出來。**

同時也別忘記**使用正確的連接詞**，來銜接這些重點，盡可能告別「那、就是、然後」，多去使用「首先、再來、以及、接著、最後」等連結詞，讓說話時更有層次感。

【菜】解釋、舉例

少了菜，漢堡會變得單調乏味，沒有滋潤感。就像是說話時沒有解釋和舉例，會讓人聽得一頭霧水。有了解釋與舉例，就能堆疊出重點的層次與深度。

1 解釋

將重點延伸說明，說出「**Why？為什麼是這樣？為什麼會這樣？**」

以打疫苗來舉例，你可能會這麼說：「打疫苗很重要！（重點）因為疫苗可以有效保護我們免於感染 Covid-19（解釋）。」

如果說話時只有講重點，就結束，就像是：「打疫苗很重要！（重點）啊……就很重要啦！快去打！」是否發現這樣的一段話，可能會降低施打的動機？雖然第一句話有說重點，但讓人一頭霧水，並沒有說出為什麼，也沒有說如果沒去做這件事情，會有什麼影響，因此說服力就降低了。

2 舉例

將難懂或複雜的事物，用讓人有共鳴的方式來比喻。

同樣是打疫苗的例子，許多人都會說ＡＺ疫苗打完的副作用，會難受得「像是被車撞到」。如此一來聽者就能對「有多痛」這種抽象概念，產生比較具象的感覺。

還聽過有醫師說：「ＡＺ疫苗是第一劑打完像被車撞到，不過第二劑開始就比較沒副作用；而莫德納疫苗第一劑雖然比較沒感覺，但是第二劑就會像被車輾過，所以就看你要一開始被車撞、還是第二次再被輾壓。」

因此「舉例」的重點就是，要用對方聽得懂的方式去做比喻，否則依然是一個無效的溝通。

【麵包】結尾

有了最下層的麵包，這個漢堡才完整。說話有結尾，才能讓人知道你說完了。有時候談話結束卻迎來尷尬，因為大家不知道講者是否結束了，此時應該要掌聲鼓勵？還是講者可能還有要補充的地方？另一方面，講者可能當下也心想，觀眾應該要給我掌聲，怎麼會沒有呢？

因此就可能拍手在錯的時機，或到底要不要拍手、要不要下台的尷尬狀態，導致聽眾和講者兩邊都尷尬的窘境。這就是因為講者忘記要做「結尾」，而結尾有兩種方式：

1封閉式結尾

簡單說出「以上，是我的分享，謝謝大家！」瀟灑地結束這一回合即可。而且當人們聽到「謝謝大家」的時候，就會自然而然配上掌聲鼓勵，這也是一個很不錯的掌聲行為暗示。

2行動式結尾

希望對方採取行動。例如說：「如果你對這系列的主題有興趣，請別忘記訂閱我的頻道和開啟小鈴鐺喔！」相信大家應該對類似的句子不陌生吧！希望或建議對方採取什麼樣的行動，最後說出來就對了。

能「開」話題，也要掌握「合」的技巧，不僅能讓說話有邏輯，也能提升人際關係，讓說話更有魅力。

提升好人緣的祕密

如果說寫日記是為了提升我們的作文能力及培養手感；那麼平時的錄音分享，就會成為上台演講侃侃而談的好練習！

想要培養信手捻來、隨便一個主題或關鍵字就能完整表達你的想法，最好的方式就是透過「錄音記錄」。你可以善用手機的錄音功能，每天錄一則音檔，時間不用長，大約一分鐘左右即可，先從一個重點開始，好好練習表達內容。

錄音練習說話架構	
開場（麵包）	
重點（肉）	
舉例、解釋（菜）	
結尾（麵包）	

	範例：
開場（麵包）	大家好，我是依柔，今天想跟大家分享我在三個月瘦下十二公斤的祕訣。
重點（肉）	很多人很驚訝我怎麼在短時間內瘦那麼多，是不是開始上健身房運動，或是節食不吃呢？ 實際上我在完全沒有運動的狀況下，光靠飲食控制，就轉換了身體的代謝狀態，而其中我認為最重要的關鍵就是保持每日喝三千毫升的水量。
舉例、解釋（菜）	喝水的好處應該不用我多說，可是要喝到三千毫升的水量，你一定會覺得很困難，因此這也是「知道但沒有做到」的原因。 實際上我們只要把目標化為最小單位來進行，就能輕易達成喔！ 首先，先準備一個六百毫升的水壺，接著，在中午十二點前喝兩壺、在傍晚六點前再喝兩壺，而晚上九點前只需喝一壺，透過具體的水壺容量來提醒自己每日喝五壺，這樣就不會覺得太困難囉！

結尾（麵包）

和大家分享這個健康瘦身的小方法，簡單易執行，希望大家跟我一起多喝水、多健康，瘦下來也變漂亮。以上是我的分享，謝謝大家！

透過這樣的有意識鍛鍊，你也可以去找幾個好朋友來一起練習表達力，而且，這也是我在企業培訓時訓練服務人員與業務人員的回家練習。想要擁有好的表達力，不斷刻意練習就對了！

另外還有一個附加的好處，就是你為了要每日分享，更會開啟你的感官覺察力、認真生活每一天。因為你透過音檔在記錄生活，同時你也在訓練自己的傾聽力（聽自己或別人的音檔），這樣雙管齊下的有意識鍛鍊，一定能在短時間內提升自己的表達力。

設計你的自我介紹

在很多時候，我們會需要「自我介紹」。像是去到一個陌生的新環境、在大家都不認識你的情況下、升學面試時、求職面試時、參與社團活動需要上台發言時。

當你在進行自我介紹時，是否會出現以下問題？

- 緊張到腦袋一片空白。
- 說話內容的語句詞意不連貫。
- 內容枯燥乏味、很難言之有物。
- 不知如何凸顯自己的特色。
- 說話速度和腦袋速度完全不一樣。
- 心跳加速，甚至緊張到全身微微顫抖。
- 講話結結巴巴、吞吞吐吐。
- 眼睛無法直視聽眾，害怕和他們眼神接觸。

- 聲音、肢體過於僵硬，顯得不夠自然。
- 聲音的音調和平時不太一樣。
- 明明有準備，但還是忘光光。
- 擔心等等被提問的問題回答不出來。

這些症狀，都是學生向我提出的痛點，而且不管什麼年紀、什麼產業、什麼目的，這些都是共通的痛點。

不過以上這些痛點，**都是站在「自己」的角度出發，而非真正針對「自我介紹」應具備的需求而擔心。**有些人真的以為只要把「自己搞定」、內容背得滾瓜爛熟就不會有問題。

事實上，**所有的溝通設計，都要從「聽眾」的角度出發**。也就是說，要搞清楚你聽眾的樣貌、需求，才有辦法回到設計「自我介紹」這件事。

大家有做過桌牌或名牌嗎？通常到了一個陌生環境，為了讓大家快速認識彼此，「桌牌」會是相當好用的小工具。我在上課時習慣讓大家分小組進行，為了讓大家熟悉彼此和自我介紹，我都會請學員自己做桌牌，而桌牌不僅要寫上自己的名字，還要寫上能讓大家更認識你的其他資訊（如範例圖所示）。

有趣的是，一開始我在帶這個活動時，我發現超NG也超浪費！NG的是，許多人的字都寫太小，而且其他資訊的內容，寫得讓人看不懂；浪費的是，因為實在字寫太小，要放大再寫一次，以至於每次進行這個環節，都要花上好長一段時間才有辦法完成，而且還不包含要拿著自己的桌牌和大家自我介紹。

在這個過程中我都會告訴學員，其實你現在就已經在「自我介紹」了。

・請問我們寫桌牌，是要寫給誰看的？↓給別人看

・那別人認識我們嗎？↓不認識

・所以我們字要寫大一點、還是小一點？↓大一點

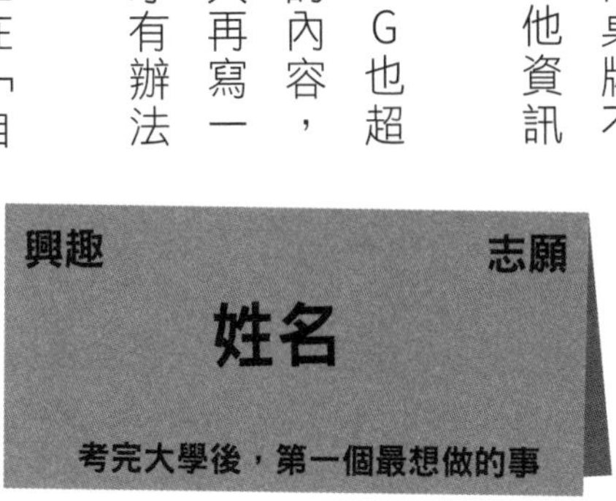

・除了字寫大一點，你選擇「筆」的顏色，要深色還是淺色？↓深色

站在對方的角度來思考你的溝通目的，才會清楚地知道你要怎麼來進行。自我介紹還有一個相當重要的關鍵，就是聽眾是不認識我們的，所以才需要自我介紹，也因為聽眾不認識我們，所以如果講得太無聊、八股，就容易讓別人聽不進去，所以，**設計說話內容的關鍵，就是要讓對方「引起對我們的好奇心，以及想和我們互動的共鳴」**，就像之前單元提到的「Like」的力量，**我們不是要告訴對方我們是誰，而是要讓對方好奇我們是誰。**

另外，桌牌上要寫上其他資訊，目的就是讓同組的學員可以打破尷尬，能有聊天話題，既然是為了聊天所用，那就不能選一個太冷僻的內容，否則不小心就會讓場子冷掉、其他人不知該如何接話，自己也成為句點王。以「興趣」來舉例：

・在一般大都市裡，如果你說你的興趣是「釣魚」，雖然很獨特，但肯定很難引起共鳴，其他人也少有經驗可以互相分享。

・如果你說你的興趣是「看劇」，但大家不知道你喜歡看哪一類、哪個平台的劇，盡可能寫完整一點，例如「Netflix、Disney+」或是「日本動畫」，像這樣聚焦且明確的關鍵字會比只寫「看劇」的效果好。

寫好桌牌之後，就要開始拿著桌牌向大家自我介紹。這時，依照經驗，又會開啟另一個狀況——大家因為都不太認識，所以會尷尬扭捏、說話聲音小，當然也無法達到正向的分享循環。

・請問我們分享時，是講給自己聽還是講給別人聽？↓講給別人聽
・組內離我們最遠的學員是在哪邊？↓對角線
・所以我們的聲音要大聲一點、還是小聲一點？↓大聲一點
・除了講話聲音要大聲一點，眼睛要不要看著對方？↓要

這些大家本來就知道的原則，都會因為放大了自我的內在恐懼而被忽略了。

常見的自我介紹三大NG問題

1流水帳

大家好我是○○○，我的生日是○月○日、星座是○○○、身高○○○、體重○○，家中有爸爸媽媽和一隻貓，平時的興趣是……。

2太真實

- 你好，我會來讀這個科系，是因為剛好成績只能念這邊。
- 我爸媽說這個科系未來比較有發展。
- 因為這個工作門檻比較低，所以我就想說來試試看。

3沒目標

- 我爸媽說考公務員比較有保障，所以我就報考了。

• 剛好以前就念這個專業，所以才想試試這份工作。

這三種是我在面試教學或批閱自我介紹內容時，最常發現的問題。大家應該也都不陌生吧？像這樣洋洋灑灑介紹了自己，但卻毫無重點內容，雖然可能都是真的，不過這樣無修飾的表達方式，絕對無法提起評審的興趣，也感受不到你對面試項目的專業熱情，被刷掉的機率肯定非常大。

那麼在「設計自我介紹」時，有沒有一套準備方法或通用的架構，能讓自己應用在各種場合呢？首先應思考三個元素。

自我介紹前該思考的三大元素

1 對象

如同前面所說，我們應該要關注的是我們是在跟誰說話，所以針對不同的對象，就會有不同的自我介紹方式，其中還有以下三個需要注意的細節：

- 熟悉與陌生程度：你和這些對象熟悉嗎？是全部都不認識、還是只是有些人不認識？他們跟你的關係又是什麼呢？
- 年齡層：這些對象大多是幾歲？和自己的年齡層會差距太大嗎？
- 喜好程度：向這些對象自我介紹會讓你感到緊張嗎？是你喜歡社交的對象嗎？

2 目的

- 渴望：要來自我介紹的這個場合與機會，是你真心想來？還是被逼迫？
- 目標：這次的自我介紹會影響到你什麼嗎？需要達到什麼目標嗎？真的只是要讓大家簡單認識你？還是希望有業務合作機會？有特定的面試需求？
- 在什麼樣的場合、舞台、環境分享：自我介紹的場域是相當正式的場合？還是比較輕鬆的交流聚會？

3 時間

- 週期性：僅有一次機會？還是週期性的固定分享？
- 總長度：自我介紹時總共有多少時間？三十秒？一分鐘？不同的時間長度會影響到內容上的整體設計。

透過以上的三大思考元素，就能更理性的拉高「自我介紹」格局，不先陷入緊張的情緒，而是清楚知道「自我介紹」的意義。如此或許你會更輕鬆看待，也能表現得更加自然。

提升好人緣的祕密

謹記一個原則：**不說自己想說的，要說別人想聽的**。大家因為不認識你，除非你在外表上有獨特的吸引力，否則很難會把注意力放在一個「沒興趣」的事情上。因此自我介紹最重要的其實是「**引起對方的好奇心**」，而剩下的許多細節與豐富的故事，就等到彼此建立一定的熟悉度時，自然而然就會開啟這些話題囉！

選對詞彙關係加倍

你的説話用詞完全反映了你的內心狀態。

花個一分種思考一下，你最常接觸的朋友們，他們常説的話語，都是讓你感到有力量的、還是有負面感受的呢？另外也再思考一下，你自己有沒有什麼口頭禪呢？

許多人都輕忽了「説話用詞」的力量，當我們把話説出去時，同時也呈現出我們這個人的氣質與性格。而你選擇的話語，也會容易吸引相同用詞的人來到你的生命中。

有沒有發現身邊那些生活過得很快樂、當你接近他們就能感受到喜悅的人，他們説話的用字，是否都相對中性、正向，且不會直接對一件事情下是非的判斷呢？而那些你覺得相處起來有種莫名煩躁感、不知不覺就使你説話口氣變不好的人，是否説話的用字都相對負面、批判，容易否定或拒絕呢？

我們的用詞用字，就像看待這個世界的濾鏡。你認為眼前的世界是什麼樣子，其實會隨著你透過何種濾鏡來看待這個世界而有所不同，這會完全取決於你怎麼去看待它。

美國有一部喜劇片《沒問題先生》（Yes Man），男主角是一位凡事愛找藉口、喜歡先拒絕再說的人，除此之外也不參加任何的社交活動，過著渾渾噩噩的消極生活。直到有一天在一個機緣下，他參加了一場「YES」講座，翻轉了他的人生，他開始會向每個機會說出「YES」，而迎來了前所未有的好運。看似誇張且不實際的喜劇電影，卻引起了許多人的共鳴，開始會去重視自己的話語，以及認真去看待身邊的事物。

我們的「外在行為」會給人直接的第一印象，而說出來的「話語」則是強化印象的關鍵。有些人外表看起來很兇，扳著一張臉，不過當你聽到他說話的聲音和用字遣詞時，可能印象就開始改觀；有些人看起來很和善，但當他開口說話時，髒話連篇、抱怨聲四起，你就會覺得這是一位毫無氣質可言的人。

說話時選用「精準的正向詞彙」，這將會改變你看待世界和人生的方式。

在我就讀的大學校園內有一間誠品書局，就開在學校側門那一排，每當我要去學校時，都會習慣穿越誠品書局去翻一翻最新的排行榜書籍。有一天發現，剛好整個書櫃都放上了祕密系列的書籍：《祕密》、《The Power 力量》、《The Magic 魔法》、《Hero 活出你內在的英雄》，這也是我開始接觸吸引力法則的契機。

我相信吸引力法則，我也相信「幸運」是可以靠自己創造的。當開啟對語言的覺察力時，會更加提醒自己，**如果我所說的這句話並非出自真心真意，那就不僅會讓幸運遠離我，還容易使身旁的朋友誤解我。**

有一次我在IG上滑到一位朋友正在染頭髮，我很興奮地問她說：「你染了什麼顏色？」她竟然回我說：「唉唷！我正在受刑！等染好再跟你說！」她這樣的回覆讓我震驚了一下，我回她：「怎麼會是受刑呢……你明明也很常去做髮型不是嗎？」「唉唷！我只是誇飾法啦！因為現在要坐在這邊很久，所以覺得像受刑。」看完她的回覆後，我回想到，有時候她對於一些事情的看法，確實都會小題大作，也常常因一些小事而糾結，她以為有趣的表達方式，我一點都不覺得好笑，因為明明染髮做造型是讓自己變漂亮和快樂的，怎麼卻這樣形容自己的處境呢？

請不要無意識地讓自己陷入負面和複雜的情緒中了。試著大聲地念出這些句子：

- 為什麼是我？
- 我才不要！
- 我沒辦法。
- 這很麻煩耶……
- 好累喔……
- 煩死了……
- 你每次都這樣！
- 叫別人去做啦！

念完這些句子後，你有什麼感覺呢？會不自覺使用怎樣的聲音表情來表現呢？你覺得這些句子，當下應該配上什麼表情與動作呢？

當我們在面對某個壓力或是不愉快的當下時，「反彈」與「抗拒」是一種自我保護的正常反應，但如果不想讓自己陷入這樣的膠著中，試著改說以下這些能「快速轉念」的句子，或許會對自己有幫助。

- 好的！
- 我會盡力的！
- 我明白了。
- 我先試試看，如果有問題我會主動跟你說。
- 這是個不錯的挑戰！
- 雖然有難度，但我願意試試看！
- 謝謝你跟我說這些。
- 謝謝你對我的信任。
- 謝謝你願意給我機會。
- 謝謝你總是第一時間想到我。

以懷著「感謝」代替「煩躁」、以「收到」代替「推辭」的方式來回應，或許沒有十足的把握，或是對這件事情的熱忱，不過當我們願意先以「正向句型」來開啟對話時，會比較容易揮別負能量及強化自信心。

去留意一下你最常使用的詞彙，可以檢視每次用通訊軟體回應他人的訊息前，你會選擇什麼詞彙與人溝通，而你對於什麼用字又會特別敏感。**當我們開始有意識地去選擇文字，也是我們掌握全新人生的美好開始。**

在我的企業內訓課程中，為了讓同仁們積極投入於課程，我們都會做分組競賽，當各組完成任務後，會需要整組「牽手舉高」並大聲說「第X組完成」，就可以獲得加分。不過，也因為企業內訓的夥伴們大家都太過熟悉，此時很容易看出一個人在面對「壓力」狀態下的自然表現：

「快一點！只剩下你還沒完成！」

「快點快點！有寫就好了，不用寫那麼整齊！」

「你很慢耶！唉唷都是你啦！」

聽到這樣的催趕，大家也會有不同的反應：

「不要吵啦！」
「你很煩耶！」
「啊我就還沒好啊！」

除了這樣直接的正面迎擊外，比較沒自信或是比較內向、較玻璃心的人，就會開始擺臭臉，或悶悶不樂。

當我們已經知道在此競賽環節一定會出現這樣的「表達紛爭」後，也都會事先提醒學員們，將「快一點」轉換為正向的「加油！」句型，讓他們可以透過鼓勵的文字和有能量的聲音表情，給動作相對比較慢的同仁打氣，甚至，我們還會從旁提醒大家，可以去關心那些動作比較慢的同仁。「已經完成的人，可以協助他們什麼呢？」「小組內有沒有可以互相幫忙的地方呢？」讓大家知道，我們都可以主動去創造想要的結局，而正向表述、積極主動的互動支持，能更讓彼此互動呈現正向循環。

提升好人緣的祕密

學習「揮別負面感受」是個不容易的練習，尤其是對於原本就熟悉的親密家人、合作許久的同事們，要放下對於他人的既定印象和某些成見，真的不是一件容易的事。

在教學的路上聽過許多因為無法「好好說話」導致撕破臉的慘案，喜歡「正話反說、話中帶刺、酸言酸語」的表達，而這些需要「被翻譯」的句子，是引發仇恨的導火線。有些人已經長期養成了「負面表述」的習慣卻不自知，那些習以為常、無惡意的口頭禪、覺得「我是為你好」的關心句子，可能正是讓彼此關係惡化的原因。

想要提升正向表達、展現體貼溫暖，可以靠後天的「刻意練習」來轉換思維。請想想看，下表上半部常見的「負面情緒」句型，可以怎麼轉換為下半部「正向引導」的句型呢？

好好說話：思維轉換句型練習

	負面情緒句型	正向引導句型
1	你到底在幹嘛？	
2	為什麼每次都要叫我做？	
3	做錯事還態度那麼差！你知道我是你媽嗎？	
4	動作快一點！我數到三！	
5	你有想過這是誰的問題嗎？	
6	哪來那麼多藉口？你就是懶！	
7	我怎麼會生出你這種孩子？	

8	9	10
我做了那麼多，有誰稀罕？	做好本來就是應該的，難道還要我給你拍拍手？	如果你現在不說清楚，之後都不准有意見！

超暖心傾聽三部曲

聽說讀寫的學習，最容易被我們忽視的，應該就是「傾聽」了。「聽」有很難嗎？就像誰不會說話一樣，只要有辦法和他人溝通，那大部分的人就會覺得你有在聽他說話。不過事實上，雖然我們好像真的有在「聽」，但我們都聽到了什麼？

從表象來說，你會聽到對方說的內容，和感覺到他的說話口氣。但更深層一點，其實能從對方的「內容」去判斷隱藏的說話動機、想達到的目的；如果你更用心去感受，還能從「口氣」聽出他的情緒、想法；整體的「綜合」，也能聽出他的個性與價值觀。

在我學音樂的養成中，「認真聽」是所有老師耳提面命的共通點。「你聽到了什麼？」「打開耳朵聽！」「有沒有認真在聽？」諸如此類的「聽」訓，已成為一位音樂人重要的訓練技能。

就拿鋼琴來舉例，有些人在演奏時，主旋律和伴奏的聲音一樣大聲卻不自知，有可能是因為左右手的肌肉力度沒掌握好，但也有可能他只是「彈」出聲音，根本就沒在「聽」自己彈了什麼聲音。另外，除了鋼琴，幾乎所有的樂器演奏都不會是單獨的演出，多半會與不同的樂器一起合奏，例如二重奏、三重奏、管弦樂團、合唱團等，為了讓合奏出來的音樂能完美地「合」在一起，要時時刻刻打開耳朵去聽，是否音準有跑掉、拍子有對上，而不是自顧自地只投入在自己的演奏中。

你說這容易嗎？超級不容易！光要把自己顧好、演奏時都不能出錯就很有難度了，還要去考量到他人的演奏，真的沒那麼簡單。

有沒有發現，上述這些過程就跟人與人之間的表達是一樣的。

人際互動間，同樣也是需要「認真聽」。我們在與他人溝通之前，要先聽完對方想表達的意思，可是往往我們都在沒有聽完整的狀態下，就急著說出自己的想法與感受，也急著想去回應他人、反駁他人的話語，在這樣沒有思考過的情況下，很有可能別人只會感受到你的「表象情緒」，而很難認真去傾聽你的「真正需求」，連同回應你的方式也不會是你想要的答案。

綜合過往的音樂背景素養，在我構思口語表達的教學系統時更體悟到，**學習「表達力」前，一定也要同時刻意訓練「傾聽力」**。而我將這個訓練方法取名為「超暖心傾聽三部曲」。

超暖心傾聽第一部曲：想聽

有被問過「你到底有沒有在聽」嗎？你其實有專心聽，但對方卻感覺不到嗎？

除了聽音樂或有聲書等是獨自傾聽之外，所有的傾聽就跟溝通表達一樣，是會有對象存在的。而傾聽的首要關鍵，其實是來自於你「想不想聽」，當你主動想聽，相信你表現出來的態度就會給人積極正向的感受；當你是被動逼迫在聽，可以想像表現出來的態度通常不會太好。

而這個傾聽的態度，同時會影響到跟你溝通的人的心情。當他對你說出「你到底有沒有在聽」這句話時，就要有敏感度地覺察，到底是我們給人一種「沒耐心」在聽的感覺，還是我們「沒表現出耐心」的狀態？

另外，在傾聽的過程還有一個困難點，就是務必**先放下自我的成見**。如果我們在聽話之前就已經「不是很想聽」，或是早已預設立場，那也不用再往下談任何傾聽技巧，因為是毫無意義的。

透過這三個狀態的調整，能讓他人感受到你的「想聽」：

1看著對方

你的傾聽，要讓對方「看見」。記得在和他人對話前，就要先調整好自己的姿態，不僅要看著對方，最好還要整個身體都面對著他。此時若能放下手邊的事務，全心全意帶著「我準備好了」的傾聽狀態，相信就能建立起良好的第一印象。

2面帶微笑

雖然我們不清楚對方要和我們聊的話題是什麼，不過如果在一開始就先面帶微笑，展現你的親和力，說不定對方會因為我們的友善表情而轉換了他的心情喔！

3 適當回應

讓人感覺「你有在聽」的最後關鍵，就是要「有回應」。假若你在跟對方說話，他雖然有看著你，但都沒給你回應，你一定會懷疑他到底有沒有在聽你說話。給予適當的回應，例如點頭、發出「嗯、喔～」這類的回應聲，或是跟著他分享的內容改變動作與表情，這些「回應」都能讓對方感受到你想聽的良好態度。

超暖心傾聽第二部曲：聽完

誤會，往往來自於把話聽一半。每個人都希望能被重視、被在乎，沒有人喜歡被忽視。當一個人不被了解，就會容易退縮，無形間形成一道牆，這種抗拒的狀態，在與人互動時，也容易形成一個惡性循環——不想去了解別人。

不到最後，絕不會知道結局是什麼。有時候你以為很老梗的電影，其實也會有令人驚喜的結局。在溝通時最怕的就是「還沒說完就被打岔」，你自以為的「好意、建議、感同身受」的分享，實則是對說話者的不尊重；還沒講完就不停問問題，這樣的溝通過程，也很干擾說話者的思緒與耐心。到最後會發現，怎麼越來越少人願意和自己談天。

當你願意把話聽完的同時，或許也解惑了你心中的答案。「我話還沒說完。」「請讓我把話講完。」「我後面等等就會講到，但前面需要先讓你知道原因，所以請聽完再問。」這樣的對話句型，免不了帶著不耐的負面口氣，無助於我們的溝通對話與關係。

把話「聽完」更是展現了我們願意理解他人的一種貼心，有時候對方可能只是需要一個分享的聽眾；也有些人在說話的過程中，就能默默梳理好自己真正的問題，因此不用急於給他什麼意見或想法，有時候僅是好好把話「聽完」，就已經是最棒的溝通了。

超暖心傾聽第三部曲：聽懂

想要聽懂對方說的內容，需要具備「解碼」的能力。尤其如果話中有話、迂迴不直切重點，我們就要再去咀嚼翻譯。要能真正聽懂一個人的言下之意、弦外之音，可能需要一段時間的刻意練習。

不過其實這樣的刻意練習，僅需要在平時與人對談時，先做到以上的第一和第二部曲，如此，要達到「聽懂」已經不會是太難的事情。因為只要你願意開始認真傾聽，「解碼」的過程也會變得相對容易。

溝通對話中一定會有休止符，或是需要你回應的時候，為了蒐集更完整的資訊，或是更理解對方的想法，做出正確的「聽懂」回應，就是很重要的關鍵了。透過以下三種回應方式，能讓對方感受到你有認真想要「聽懂」他的訊息：

1 回應對方的「情緒」

解碼的過程要保持客觀，我們能從對方的口中聽見他的說話內容和口氣，此時你可以先回應對方的「情緒」來確認你的感受，同時對方也會覺得自己有被「理解」的感覺。例如：

- 我感覺你現在有點情緒，是不是讓你感到很……
- 這件事情是不是帶給你……的感覺？
- 你分享的這件事情，是不是讓你覺得……
- 你覺得……是嗎？
- 我感覺你好像……是不是還有想要補充的呢？

2回應對方的「資訊」

有些人會直接表達他的想法，有些人則不是不願意直接表達，有可能他還沒梳理好或是找不到更精準的表達方式，因此適當回應你聽到的內容，有助於對方聚焦思路，也能使溝通過程更加流暢。例如：

・你的意思是……嗎？
・我聽到你剛剛說……，是……的意思嗎？
・是因為……所以才……嗎？
・是不是有可能……
・如果……這樣是你想表達的意思嗎？
・我想先確認你想表達的意思是……

3 作筆記

如果是在開會或是培訓時，最好是拿出紙筆來做筆記，能讓對方感受到我們的積極。在聽的過程中可以把聽到的關鍵字寫下來，在回應時就不會漏了重要資訊；同時，如果你有任何想法或想說的內容，也可以先記錄下來，這樣就不會因為怕忘記而急於詢問或打岔對方。

提升好人緣的祕密

記得以前在學音樂時，老師都會跟我們說，在練習一首曲子前，要先找出至少兩位不同演奏家的專輯來聽，聽聽看他們的演奏方式有何不同，以及去分析為什麼他們會這樣詮釋。多聽「好」的聲音，能有助於豐富內在情緒表現，也能鍛鍊耳朵的敏感度，更會以此目標來要求自己。

一個演奏家的「音準」就是必備的專業基礎，如果在每次練樂器時都沒有習慣調音，自然而然聽不出所謂「正確音準」的聲音。一個人的說話「咬字發音」也是溝通的基礎，但如果長期都在聽台灣國語的聲音，或是在不注重咬字發音的環境下表達，自然而然說話「不清楚」也會不自知。

所以如果想要提升自己的表達力，就要多找「好的聲音」來聽，例如有很多很棒的Podcaster，聽他們的聲音就會令人想像到那個畫面感。「模仿好的聲音」也是很棒的練習，不斷重複聽一段你已知的聲音，並試著模仿看看，就能讓自己慢慢進步。

最後給大家一個小任務：去觀察那些你覺得聽他說話時會很舒服的人，有沒有什麼樣的共通點？相反的，觀察那些你覺得每次和他說話時，就容易沒耐心、產生無名火的人，是因為什麼原因呢？透過「傾聽與觀察」，你就能快速找出合適的「好聲音」學習對象。

提升好感度的表達力

如果你不知道在「開口前」該做哪些準備，說錯話的情況可能會一直在你生活中發生。

如果你不知道在「開口時」該怎麼透過你的聲音展現自己的魅力，就算說得再有道理，對方也不會想聽。

如果你是業務，想在客戶面前一開口就說中人心，提高購買意願；如果你常參與社團活動，想成為眾人焦點，讓大家主動和你換名片；如果你需要常上台演說或教學，想讓底下聽眾不睡著、教學風趣幽默，那麼就要更有意識地提醒自己，**在對的時刻、以對的語氣、向對的人傳達對的訊息。**

掃描看依柔老師
親聲解說影片

你的聲音有「意願」和他人互動嗎？

1準備一張乾淨的衛生紙。
2雙手拿著上方的兩個角落。
3將衛生紙的下方三分之一靠近嘴巴。
4開口說出這句話：「大家好，我正在做聲音檢測。」

當你在說出這句話時，仔細觀察一下眼前的這張衛生紙，是否有往前飄動，還是無動於衷呢？

如果發現眼前的這張衛生紙會往前飄動，而且在「大、正、聲、測」這幾個字往前飄得比較鮮明時，代表你的氣息飽滿，往前送出的聲音聽起來音量也比較大聲，令人感到有精神。因此對他人來說，會覺得你的聲音是有「意願」和他互動的。

反之，如果發現眼前的這張衛生紙毫無反應，或是只有微微飄動，代表你的氣

息較虛、臉頰肌肉沒用力，聽起來音量也會比較小聲、令人感到沒精神。因此對他人來說，大部分的人都會覺得你的聲音是比較沒有方向性，較沒有「原來你在對我說話」的明確感受。

「聲音」有許多隱藏的訊息，而傳遞聲音最重要的元素就是氣流的運送，也就是氣息，這跟你的呼吸方式會有很大的關係。

許多學生上完我的聲音課，都會問到「我很容易說話講一講就很喘」、「我容易吸不到氣，覺得氣很憋」、「我說話速度太快，但如果不快點講完我就會沒力氣」這類型的求救訊號，這些都與呼吸的方式有關聯。

呼吸的品質，最直接影響的就是我們的情緒起伏，呼吸越平穩、氣息吸得越飽滿、心情比較不會容易波動；氣息不穩、上氣不接下氣、呼吸凌亂者，心情就比較容易情緒化。

除了呼吸，經過我們的口腔之後，還會透過肌肉塑造咬字發音，才能有效傳遞我們的內容資訊。如果我們的臉頰肌肉鬆垮、咬合不精準，聲音就容易含糊不清、沒有支撐力的感覺，聽起來也會有交差了事、敷衍對方的輕浮感。

一個人的呼吸和咬字跟說話思考方式一樣，是習慣的養成，想要重塑自己的聲音魅力，並且讓自己的表達讓人感覺到有力量，請好好利用提升好感度的黃金三法則：

提升好感度的黃金法則一：一眼就讓人感到有自信

掃描看依柔老師
親聲解說影片

有觀察過你認為「自信」的人，他們的肢體狀態嗎？看一個人的第一眼，除了乾淨整潔的穿著會吸引人，更重要就是他們的「體態」了。是否擁有自信的體態，可以直接看兩個地方：肩膀、下巴。

1 不自信的人

肩膀容易往前縮，出現駝背的姿態；另外，因為駝背的關係，連帶著會低頭壓下巴，整個人從遠方看起來，就呈現無精打采的樣子。

同時因為整個人都很駝的關係，眼睛也會不自覺地看著地上，比較不會主動和人連結，感覺就很沒活力。

再加上視線都在地上，或是看比較近的距離，因此說話的音量只會傳到比較近的地方。以投籃為例，如果籃框很遠，投籃的力度就需要比較大；如果籃框很近，需要的力度就會比較小。而音量的傳遞就如同投籃一般，需要有精準的方向性，這也是為什麼不自信的人他們的姿態會影響音量的原因。

2 自信的人

「肩膀、頭、背」會自然成一直線，不會太往前，也不會太往後，呈現剛剛好的姿態。下巴也會微微抬高，眼睛和溝通的對象呈現平視角。這樣的姿態在說話的音量上，不會因為低頭壓下巴，而讓聲音卡在喉嚨且不嘹亮。其實微微的抬高下巴，可以讓氣息更順暢地通過喉嚨，聲音聽起來更加自在。

下回要上台報告或和重要的人碰面時，記得先調整自己的姿態，告訴自己**「肩膀後移、下壓、下巴微微抬高」**，並且加上自信的笑容，必能呈現一眼就讓人感到有自信的樣子。

提升好感度的黃金法則二：一開口說話就有說服力

掃描看依柔老師
親聲解說影片

說話有無「說服力」，可以從「說話內容」分析是否有邏輯，也能從「咬字發音」感受到你的認真態度。

同樣一句話，由不同的人說，為何會有不同的影響力？假若內容、話術都可以經過編排和設計，那為何把「第一名的演講稿」背下來去演講，也不一定能拿到第一名？其實關鍵就在呈現的「聲音表情」給別人的感受力。

鍛鍊好聲音的第一步，絕非是要很浮誇的抑揚頓挫，有時為了做而做的表情，會讓人感到很假、做作，**「認真的態度＋清晰的咬字」**就能讓人感受到你的真誠。而想確認你的咬字發音是否清晰，只要光看臉部肌肉就能得知。

在正常狀況之下，呼吸和說話的運作是：鼻子吸氣、嘴巴吐氣，在吐氣的同時透過我們的口腔咬字來呈現聲音的塑型，所以只要口腔運作越靈活、有用力，咬字發音就會聽起來越圓潤立體。

你可以想像要幫一塊黏土捏出一個造型，雙手就是塑型的工具，而雙手的手指頭靈活度和獨立性也會影響造型的呈現。如果把黏土拿給幼兒園的小朋友和成人來捏，肯定大人的手指頭會比孩子更有力度，捏出來的造型也會比較完整。

這就如同我們在說話時，掌管咬字塑型的有四個元素——臉頰、嘴唇、牙齒、舌頭，只要在說話時將這四個臉部肌肉在相對應的注音符號當中咬合，說話質感就會大提升。

1 臉頰

臉頰掌管嘴巴內部的口腔空間，當我們嘴巴張越大、出氣量也會比較多，就能直接讓說話音量變大聲。這也是為什麼很多人會請說話不清楚的人要「張大嘴巴」的原因。不過這個簡單的指令，其實還是會碰到兩個困難點：

・嘴巴要張多大才叫大？

・嘴巴張大其實只會讓音量放大，如果本身咬字發音不清晰的人，嘴巴張大依然還是會不清晰，所以還需要以下三個元素（嘴唇、牙齒、舌頭）來搭配。

那麼我們就來練習「張大嘴巴」的感覺吧！

・首先準備一張鏡子，看著鏡子練習能讓「張大」更有具象感。

・將嘴巴先以你認為的方式張大，感受一下這樣的感覺，以及看一下鏡中的自己。

・將食指放在臉頰和耳朵交界處，來感受一下肌肉的張力。

・開始做「兩段式」的張大嘴巴：

①上下打開臉頰：想像嘴巴上下慢慢打開的感覺，邊打開的同時，你的食指也會摸到「凹進去」的感覺，看看鏡中的自己，這也是下顎慢慢打開的樣子。

②左右打開臉頰：持續剛剛的上下打開，並銜接左右兩側的肌肉被往後拉開

的感覺，此時你應該會看見鏡中的自己，嘴巴張得非常大。

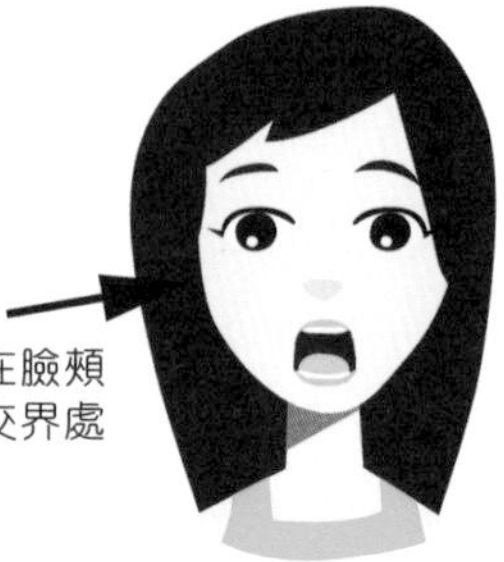
食指放在臉頰
與耳朵交界處

嘴巴張大時，
此處會凹進去

以上這樣兩段式的張大嘴巴，有沒有清楚看到和感受到，原來臉頰的肌肉是相當有彈性的，而且嘴巴是可以張開到很大的。因此同樣的吸氣量，從不同大小的出氣孔送出，音量就會改變。

當然，平時不會有人嘴巴沒事張這麼大，而且如果說每個字都張那麼大，會讓說話速度變慢，聽起來就會怪怪的。只是透過上述的練習，你能更具體感受到嘴巴空間改變的方式，以及明確聽出音量上的變化，這有助於你調整聲音的改變。

你可以試著念一下這句話，並錄下來聽聽看，當你臉頰有打開和沒打開之間的差異性：「我的臉頰在說話時都會打開。」

小提醒

只要文字中的注音符號出現「ㄚ、ㄛ、ㄜ、ㄞ、ㄟ、ㄠ、ㄢ、ㄣ」時，無論是獨自出現，或是結合其他注音符號，都要記得「嘴巴張大」，才能有一定的空間出氣發聲。

2 嘴唇

嘴唇掌管我們的聲音圓潤度與立體度。說話時嘴唇不用力、嘴巴微微張開地說話，聲音聽起來就會軟趴趴，而且容易讓字跟字之間沒有清楚的分別。

想像我們擀了一條長長的麵團，接著要來把它切小段。如果我們沒有切很深，就只會在麵團上劃出淺淺的刀痕，實際上它還是一個大麵團。當我們用力切下去，果斷讓麵團分開，長長的麵團就會變成很多段小麵團。

我們的嘴唇就如同一口氣讓每個字斷乾淨的切割版，將嘴唇用力，就能輕易將每個咬字發音塑型得很漂亮，而且當你發現一個人說話的嘴唇有用力時，同時也能聽見聲音的專業度，因為當他要把每個字都講清楚時，就會讓每個字都斷乾淨，也因為很用心地把每個字都斷乾淨，就像被切整齊的麵團一樣，令人感受到規矩整潔。

你可以試著念一下這句話，並錄下來聽聽看，當你嘴唇有用力和沒用力之間的差異性：「我的嘴唇說話時都會用力。」

小提醒

只要文字中的注音符號出現「ㄨ、ㄩ」時，無論是獨自出現，或是結合其他注音符號，都要記得「嘴唇往中間出力」，讓聲音集中；出現「ㄅ、ㄆ、ㄇ」時，就要讓兩片嘴唇「碰」在一起發聲。

3牙齒

牙齒的整齊度和密合度掌管了聲音的清晰度，尤其是大家都很困擾的「捲舌音」與「非捲舌音」。你看到這邊應該會很困惑，不是捲「舌」音嗎，怎麼會跟牙齒有關係呢？

牙齒就像是掌管氣息出入的守門員，上下排牙齒密合的程度，會影響到我們出氣時的厚薄度。像大家所知的捲舌音「ㄓ、ㄔ、ㄕ、ㄖ」，試著先把專注力放在牙齒的咬合上，發這些音時，就只管「牙齒用力咬住＋臉頰和嘴唇肌往中間集中」，也因為需要用力咬牙，所以出氣量就比較少，而會呈現「聲多氣少」的聲音，聽起來比較有厚實感。

如果是非捲舌音「ㄗ、ㄘ、ㄙ」，你會感覺到牙齒並不會完全密合咬住，反而會有點「上下排牙齒微微張開＋舌間往下排牙齒貼住」的感覺，也因為沒有緊密咬合，所以出氣量也會比較多。

你可以試著念一下這句話，並錄下來聽聽看，當你牙齒有咬合和無咬合之間的差異性：「只要掌握方法，調整說話時的聲音色彩就能輕鬆自在且容易。」

小提醒

只要文字中的注音符號出現「ㄓ、ㄔ、ㄕ、ㄖ」時，無論是獨自出現，或是結合其他注音符號，都要記得「上下牙齒輕咬用力＋嘴唇往中間集中」，讓嘴唇呈現「往前出聲」的樣子。出現「ㄗ、ㄘ、ㄙ」時，則是要「上下牙齒輕咬用力＋臉頰往左右兩邊拉開」，讓聲音呈現「扁扁的」集中音。

4 舌頭

舌頭是口腔內部最長的一條肌肉，可以分為「舌尖、舌面、舌根」三塊，各自掌管不同的發聲技巧。

舌頭太過緊繃的人，聲音的輕巧與靈活性就會不夠，聲音容易聽起來厚厚、黏黏的，甚至會因為太過用力影響了喉頭的運作，音色上就會容易不穩定。因此在訓練聲音前，除了要放鬆外部的臉頰，也要幫內部的舌頭拉拉筋，這就是「舌肌力」訓練。總共分為兩大面向：

【舌根訓練】

- 放鬆坐在椅子上，所有的練習請對著鏡子進行。
- 將嘴巴張開，舌頭用力「往前伸出」，並停留十秒，此時要感受到舌根後方有用力的感覺。
- 將嘴巴張開，舌頭用力「往左邊伸出」，並停留十秒，此時要感受到右邊整個舌肌延伸到右邊的脖子肌肉都有用力的感覺。
- 將嘴巴張開，舌頭用力「往右邊伸出」，並停留十秒，此時要感受到左邊整個舌肌延伸到左邊的脖子肌肉都有用力的感覺。
- 將嘴巴張開，舌頭用力「往上面伸出」，並停留十秒，此時要感受到舌頭的下面有被拉開的感覺。
- 將嘴巴張開，舌頭用力「往下面伸出」，並停留十秒，此時要感受到脖子的兩側都有被拉開的感覺（下頁為「舌根訓練」的示意圖）。

1. 舌頭往前伸出

2. 舌頭往左邊伸出

3. 舌頭往右邊伸出

4. 舌頭往上面伸出

5. 舌頭往下面伸出

【頂舌訓練】

・將嘴巴閉上，舌尖用力「往左邊臉頰肌肉頂」，並停留十秒，此時要感受到左邊臉頰被撐開的感覺。

・將嘴巴閉上，舌尖用力「往右邊臉頰肌肉頂」，並停留十秒，此時要感受到右邊臉頰被撐開的感覺。

・將嘴巴閉上，舌尖用力「往口腔內部四周轉圈」，順時針轉三圈、逆時針轉三圈，此時要感受到整個臉頰被撐開的感覺（下頁為「頂舌訓練」的示意圖）。

透過練習舌根的拉筋、舌尖的頂舌，都有助於活化口腔內部的肌肉。當我們整體的肌肉越靈活或有彈性，在轉換咬字或共鳴腔，或是說不同語言時，都能更輕鬆地發出好聲音。

1. 舌尖往左邊臉頰頂　2. 舌尖往右邊臉頰頂　3. 舌尖在口腔內轉圈

你可以試著念一下這句話，並錄下來聽聽看，當你舌頭有伸縮和沒伸縮之間的差異性：「你和他都是我大學時期最好的朋友。」

小提醒

只要文字中的注音符號出現「ㄉ、ㄊ、ㄋ」時，無論是獨自出現，或是結合其他注音符號，都要記得將「舌尖往前伸＋上下牙齒輕咬一下」的感覺，不過通常這三個注音符號會結合其他聲符出現，所以盡可能讓舌頭輕快地往前伸出即可。例如「大」是「ㄉ＋ㄚ」，因此舌頭要先輕輕往前伸發出「ㄉ」的音，接著將下顎往下打開，發出「ㄚ」的結合音。試試看，聲音會有更立體的感覺喔！

綜合上述，在這邊還是要提醒一下，以上提供的練習方法，是針對一般大眾都能輕易上手且有感的練習，假若覺得自己在口腔、牙齒、構音上有問題，則是建議去找專業的語言治療師或牙醫師檢查看看。

不過無論如何，下回要開口說話時，要記得有意識地提醒自己這些元素，是否有認真「張大嘴巴」以及「認真咬字」，當你越認真去留意這些細微變化，聽眾也會更直接感受到你的專業與真誠。這也是為什麼電視主播或廣播人員，會讓我們覺得他們的聲音都有一種「專業感」，因為他們必須得為自己播報出去的資訊負責，讓觀眾一次就聽清楚。雖然我們不是相關行業，但只要聽見有人說話咬字清晰，第一印象的信任度就會先加分。這些技巧其實很簡單，也是人人都可以擁有魅力好聲音的關鍵，就僅差在「知道」和願不願意「做到」之間而已。

提升好感度的黃金法則三：一聽到聲音就令人著迷

如果你已經調整好肢體狀態、放鬆臉部的肌肉，也開始認真說話後，提升好感度的最後一個黃金法則，就是讓聲音聽起來更有「畫面感」。

一個人的說話聲音如果聽起來死氣沉沉、平平淡淡，以音樂術語來說叫做「同音反覆」，這會令聽者越聽越煩躁，只想要逃離說話者的現場。因此聲音好聽的人、情緒表達有張力的人，通常會很容易吸引他人的目光。

雖然讓聲音變好聽的方法有很多，不過以下分享兩個最簡單的方法：標點符號表情法、展現詞性強調法。

1 標點符號表情法

首先，我們試著幫以下的句子配音：

- 週末假日要上課喔
- 週末假日要上課喔！
- 週末假日要上課喔？
- 週末假日要上課喔……
- 週末假日要上課喔。

你是否有發現，最後配上不同的標點符號，說話的口氣也會跟著改變？其實「標點符號」不僅用於寫作上，更可以活用於說話時的口氣。

符號	對應中文	解釋
！	驚嘆號	驚訝、驚嘆、誇飾
……	刪節號	猶豫不決、心情低落、無話可說
？	問號	疑問、不明白、好奇
。	句號	結束、休息
、	頓號	代表很多相似性、排比句、速度可以加快

有沒有發現，其實善用這些標點符號，就能增色說話的語氣。使用標點符號在視覺感受上就已經有明顯的差異，那為何在說話口氣上我們常毫無變化呢？現代人常使用通訊軟體來溝通，但許多人分段不清楚、喜歡用空白格代替標點符號，其實

這樣不使用標點符號，就容易在說話口氣上產生誤會。

可以的話，先從文字上的自我要求開始，打字時加上標點符號，不要讓對方誤會了你的說話口吻。另外，當我們在說話時，可以想像每一句話在說的同時，也都有明確的標點符號，這樣可讓聽者更能感受到畫面感。

2展現詞性強調法

說話如果沒有吸引力就算了，有些還會讓人感覺到怎麼說的跟做的不一致？這就是因為在「說話內容」上和「聲音語調」上沒有同步。

舉例來說：「您好，很高興認識您！」

請先用「面無表情」的方式念念看，你覺得自己的聲音聽起來有「很高興」想要「認識」對方嗎？因為「面無表情」，所以聽起來的聲音是低沉平淡、毫無動力的感覺，這也是經典的「內外不一致」的感受。

所以「展現詞性強調法」就是要提醒大家，當我們在配上聲音表情時，不用去管文法，但是要管詞性，我們要將相對應的詞性與情緒做完整的連結。就如同上面的「標點符號表情法」一樣，當我們有了這樣的標示，在聲音上就要有所改變。

那麼我們就來拆解一下「您好，很高興認識您！」你會明顯看見「很高興」是形容詞、「認識」是動詞，所以當我們在講出「很高興」前，自己也要發自內心地很高興，包含我們可能會有的動作、表情、聲音語調，都要先注入這樣的感受力，就如同「很高興」時，你會有笑容、偏高的音階、活潑的感覺。而「認識」的動詞，會需要有互動感，所以當我們在說動詞時最好要加上動作，說到「認識」時，可以輕輕點頭一下，或伸出手跟對方握握手，這樣就比較有互動感。

提升好人緣的祕密

聲音表情，是你的外在糖衣

想要一開口就吸引對方的注意力，一定要透過你的「聲音表情」來先聲奪人！

試想，你的聲音給別人什麼感覺？是否在眾多人當中具有存在感？或者只是個「背景音樂」？

其實你的「聲音表情」會跟你的「情緒起伏」和「能量」有關。

例如早晨剛起床，聲音通常是慵慵懶懶、嘴巴還打不開、更帶點沙啞的低沉聲音；吃完早餐後有活力了，聲音就會中氣十足、精神飽滿；晚上工作回家後，聲音應該是卸下重擔、放鬆愉悅的感覺。

然而，想要一開口就吸引對方的注意力，無論何時，聲音給人的感覺，應該要有一聽就被揪住的驚喜感。因此可以多想像興奮、愉快的感受，或是各種各樣的情緒注入身體的感覺，並且在開口之前，先「暖聲」一下，調整一下狀態，再開口說話。

預備比準備更重要

小時候有跑過一百公尺嗎？記不記得當我們站在起跑線時，教練會對天空鳴槍，並大聲說出「預備～起！」當聽見「預備」兩個字時，我們就要擺出將雙手放在起跑線上，並將屁股抬高、雙腳一前一後的預備要往前跑的姿勢，這就是即將要「起」之前的預備。因此，在開口前的「自言自語」，就是我們要預備的關鍵技巧。

如果和他人說話時，前面三十秒都是支支吾吾、嗯嗯啊啊地說不清楚，聽者的耐心一定馬上消失。

所以在開口前可以先想好說話的內容、想過一次說話架構，並且在心裡默念開頭的內容至少十次，念到非常流暢，再開口說話。

這個方法我個人認為非常有效，可以排除當下的緊張感，減少擔心恐懼，確保自己一開場不緊張，以及一開口就能先聲奪人。

創造有話好說的環境

如果平常就缺乏開口說話的習慣，事實上，讀再多的表達相關書籍、上再多的口語表達課程，都會是沒有用的。

切記一件事：只要能面對面溝通，就不要用電話溝通；只要能用電話溝通，就不要用文字訊息溝通；只要能用文字訊息溝通，就不要用貼圖溝通。現在因為聯絡方式快速又方便，「貼圖」的產生更取代了文字，但大量使用貼圖式對話、文字對話，會降低我們腦部的思考，更會忘記說話時的肌肉使用。

因此時時刻刻要幫自己創造有話好說的環境，訓練自己的表達力與傾聽力，像我自己在傳送訊息前，都會習慣先念過一次，確保資訊內容、標點符號的口氣都沒問題，才會送出。因為「表達」不僅是口語，而是方方面面。

在說話開口前，如果能刻意培養以上三件事，再運用本單元和大家分享的技巧，一定能有效提升你的說話魅力。

後記

從古典音樂的人生，到開啟教育培訓的說話人生

每當我去演講時，最常被問的問題是：「為何你會從古典音樂，成為一位聲音表達講師？」「為何你會創辦小大人表達學院？」「你這樣放棄了音樂，不會覺得可惜嗎？」

我總是笑著回答：「當然不會，而且我特別感謝我有這樣的人生經歷，因為我求學的過程奠定了我現在創業的基石！」

所學習的專業，不一定是將來就業的飯碗，但必會成為重要的思考與行為養分

從小學習古典音樂的我，主修鋼琴、副修大提琴、加修聲樂，對於聲音的感受力和情緒表現，就顯得特別敏銳。在音樂賞析中，聲音的面向可以從「音量、和聲、速度、共鳴、音色、調性」等切入剖析，在詮釋同樣一首曲子時，只要改變了其中一項參數，必定會讓整個音樂的感受不一樣。因此，所有的音樂在演奏時，就是在考驗演奏家對於要演奏的曲子，是否有深入的分析、將譜上的音樂術語給表現出來。如此一來，才能將作曲家想呈現的音樂作完整詮釋。

求學路上並非一帆風順，競爭之大的傳統教育體制，僵化了未來的道路

實際上，在音樂班的求學過程中，我自覺是認真學習的學生，不過並不是特別有演奏天賦的人。即使我一天花了超過三個小時在練琴、一週拜師學藝超過兩次，成績並未名列前茅，加上班上的優秀同學實在太多，所以求學過程並非一帆風順。此外，學科的學業表現更不如音樂上的成績，在這般求學壓力下，對於自己的未來

升學、求職就業，總是擔心居多，常常會問自己，這樣繼續下去該怎麼辦？音樂之路，我有辦法和大家競爭嗎？有辦法找到好的工作嗎？那如果我不繼續學音樂了，我的學業成績有辦法幫我另闢一條新的理想道路嗎？而這樣的無助，並沒有師長能為我解惑，對於未來也就更迷茫了。

若眼前有個從未嘗試過的機會，你會接受挑戰，還是拒絕一試？

從小我就有兩個很鮮明的說話特質，一個是「超級愛講話」，另一個是「講話很大聲」，不管把我放在哪一個角落，都會是班上的搖滾區。我很熱愛分享、喜歡讓班上保持歡笑，儘管成績在後段，但因為我開朗活潑的個性，人緣還不錯。

在高中時，有一回國文老師當著全班的面前跟我說：「依柔，這學期就派你去參加朗讀比賽！」聽到時，我一頭霧水，為何是我？朗讀比賽是要怎麼比？老師後來又補充說：「你很有天賦的！」我更困惑了，怎麼會「愛講話」等於「有天賦」

呢？

不過，可能因為星座是牡羊座的關係，喜歡挑戰別人沒有嘗試過的事情，對自己而言，更是一個新的目標和挑戰，因此也就接下了這個比賽任務。

運用古典音樂的演奏技巧，平移到朗讀比賽的準備，一舉拿下台中市的第一名佳績

高中的朗讀比賽範圍，是從古文觀止六十篇當中隨機抽一篇來念。準備的過程前期相當不易，除了完全沒經驗外，更是對文章中的語意和讀音下了很大一番苦工。

有一次在準備時，突然領悟到，其實當我們在念文章時，就跟彈鋼琴一樣，同樣的八十八個琴鍵，在演奏不同的音樂家作品時，要有不同的情感風格，不能將貝多芬、李斯特、莫札特的音樂風格，演奏得都一樣。包含上面的音樂術語、表情符號等，都要細細讀譜、做上記號提示自己，才有辦法把作曲家想呈現的音樂態度演奏出來。

我把這樣的技巧放在朗讀上，所以我不能把李白、白居易、陶淵明等文章風格，念得一模一樣。我拿起鉛筆，重新細讀文章，將作者想呈現的文章意境透過聲音表情給念出來，從中也學習到「放下自我個性、學習換位思考、去感受作者寫作的目的」。如此一來，我再重新朗讀時，就大大提升了對於聲音情緒的投入，對於朗讀一事，不再覺得枯燥乏味，更不會出現怪腔怪調的匠氣之聲。也因為這樣，把古典音樂的素養技巧平移到朗讀比賽的準備上，第一次比賽就獲得了台中市朗讀比賽第一名的佳績！此事，在我求學生涯上給了自己大大的自信，更成為我和同儕之間最大的獨特優勢，也影響了我接下來許多人生選擇。

人生的經驗與歷練，都成為創辦教育事業的重要根基

我在成長的過程中，無論是家人間、朋友間、長輩間、社交之間，甚至在創業

的路上，都經歷了許多故事。實際上我在學生時期，也不知道會有現在的創業選擇，更不知道我會做一個看似跟音樂毫無關聯的工作。

不過，你說不相關嗎？對我來說，卻是環環相扣！

在我的信念中，覺得人生在世走一回，就是要精采活出自己想要的人生。每個人都是獨一無二的，每個人都有獨特的優勢，每個人也都有辦法改變自己不喜歡的人生狀態，創造理想的生活。

會在後記和大家分享這些故事，一來，是想和大家說我的口語表達基礎也是這樣踏踏實實訓練出來的；二來，是因為這些跌跌撞撞的人生經歷，讓我對於教育理念有了不一樣的體悟和見解；最後，也因為這些過程讓我勇於去創造我想要的人生，因此我都自許是生命的夢想實踐者。

在這本書中跟大家分享的故事、方法與內容，皆整合了我在教學這些年來的精華，並且把聲音表情、口語表達的技巧拆解成系統，有步驟、有方法地一步步舉例並解釋。我深信，無論你的表達技巧如何，都能夠透過書中找到解答並有所進步。

期待看完此書的你，也能在生命中找到勇氣和蛻變前進的動力。只要我們所想、所做，都是對自己和萬事萬物心存善念、口說好話，遇到不如意的事情，就換個方法；遇到不開心的人事物，就想辦法遠離那樣的狀態。

我們不是不會，只是還沒學會。

我們不是不聰明，只是還沒找到更好的方法。

我們不是沒有選擇權，只是害怕選擇之後的不確定性。

我們不是他人口中的樣子，只是害怕溝通不良所產生的更多誤會。

我們值得擁有美好的人生，只要從現在開始，我們就是最棒的自己。

你每一次的開口表達，都決定了你是誰，希望你能透過提升表達力，成為自己期待的樣子！

國家圖書館出版品預行編目(CIP)資料

表達力決定你是誰：提升表達力，成為自己期待的樣子 / 林依柔著. -- 初版. -- 臺北市：遠流出版事業股份有限公司，2022.06
面；　公分

ISBN　978-957-32-9553-2 (平裝)
1. 溝通技巧 2. 說話藝術

177.1　　111005420

表達力決定你是誰：
提升表達力，成為自己期待的樣子

作　　者——林依柔
主　　編——周明怡
美術設計——FE 工作室
內頁排版——平衡點設計

發 行 人——王榮文
出版發行——遠流出版事業股份有限公司
104005 台北市中山北路一段 11 號 13 樓
郵政劃撥／0189456-1
電話／02-2571-0297 · 傳真／02-2571-0197
著作權顧問——蕭雄淋律師

2022 年 6 月 1 日　初版一刷
2023 年 5 月 1 日　初版五刷
售價新台幣 360 元（缺頁或破損的書，請寄回更換）

遠流博識網　http://www.ylib.com　e-mail:ylib@ylib.com